슬기로운 **하나님 자녀 생활**

그러나 너희는 택하신 족속이요 왕 같은 제사장들이요 거룩한 나라요

그의 소유가 된 백성이니 이는 너희를 어두운 데서 불러 내어 그의 기이한

빛에 들어가게 하신 이의 아름다운 덕을 선포하게 하려 하심이라

베드로전서 2:9

슬기로운 하나님 자녀 생활

가스펠 북스

어느 날 한 남학생이 학교를 가고 있었습니다. 그런데 여학생 셋이 그 남학생을 보더니 수군거리는 것이었습니다. 남학생이 그냥 지나가려는데, 한 여학생이 다가와서 말을 했습니다.

"당신을 짝사랑하는 사람이 있어요."

수줍음이 많은 그 남학생은 얼굴이 벌개져서 빠른 걸음으로 지나갔습니다.

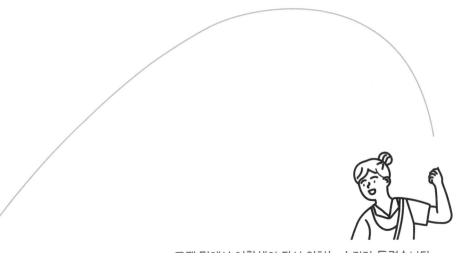

그때 뒤에서 여학생이 다시 외치는 소리가 들렸습니다.

"예수님이 당신을 사랑한대요."

여러분, 예수님께서는 여러분을 사랑하십니다. 신문이나 방송을 통해 어느 교회 목회자가 범죄를 저질렀다느니, 어느 교회에 불미스런 일이 일어났다느니 하는 뉴스가 심심찮게 보도되고 있는 현실입니다. 그래서 사회적으로 기독교에 대한 좋지 못한 이미지가 생겨나고 있기도 합니다. 혹은 교회를 다니다가 사람들 사이에서 상처를 입은 분들도 있을 것입니다. 하지만 이 책을 읽는 지금 그 모든 선입견, 과거의 아픈 기억을 내려놓으시기 바랍니다. 예수님께서 당신을 사랑하고 계십니다.

2021년 5월 예원교회 擔任牧師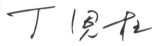

슬기로운 하나님 자녀 생활

I. 영접과 구원

II. 참된 기도 생활

III. 신앙고백

IV. 확신 있는 신앙생활

영접과 구원

영접과 권세

영접의 비밀

> 태초에 하나님이 천지를 창조하시니라 _ 창세기 1:1

하늘, 땅, 바다는 하나님께서 말씀으로 만드셨습니다. 그리고 마지막으로 인간을 흙으로 빚으시고 코에 생기를 집어넣어 영적 존재로 만드셨습니다. 인간은 영적 존재이기 때문에 짐승과 다릅니다. 죽으면 끝나는 존재가 아닙니다. 육은 흙으로 돌아가고 영은 영원한 곳으로 가게 됩니다. 천국 또는 지옥으로 가게 되는 것입니다.

하나님께서는 유일하게 인간을 하나님 형상으로 만드셨습니다. 인간은 하나님을 닮은 존재인 것입니다. 그렇기 때문에 오직 인간만이 신을 섬깁니다. 아프리카 오지를 가더라도 어느 종족이든지 나름의 신을 섬기고 있습니다. 바로 영적 존재이기 때문에 그렇습니다.

하나님의 형상대로 창조된 인간은 하나님의 모든 축복을 다 받으며 부족함이 없게 살았습니다. 하늘, 땅, 바다를 지배하는 어마어마한 능력을 하나님께로부터 받았습니다. 다만 하나님께서는 창조주와 피조물의 구분을 위해 선악을 알게 하는 나무를 두시고 그 열매를 따먹지 못하도록 하셨습니다. 그런데 사탄이 이러한 하나님과의 약속을 파기시키기 위해 인간을 유혹하였고 아담과 하와는 하나님과의 약속을 어긴 대가로 하나님을 떠나 살게 되었습니다. 이것이 바로 원죄입니다.

이 원죄 문제로 인해 인간에게 온갖 저주가 오게 되었습니다. 영적 문제, 정신 문제, 육신 문제가 닥치게 된 것입니다. 사주팔자, 운명에 사로잡혀 비참한 삶을 살도록 사탄이라는 존재가 조종을 하고 있습니다. 이 저주받은 운명은 후손들에게까지 영적 대물림이 됩니다. 이 문제는 인간의 힘으로는 결코 해결할 수 없습니다. 그렇다면 어떻게 해야 이 문제를 해결할 수 있을까요? 오직 하나님만이 해결할 수 있습니다. 하나님께서 직접 인간이 되어 인간을 구원하시기로 하셨습니다. 하나님께서 인간이 되어 이 땅에 오셨는데 그분이 바로 예수 그리스도입니다.

> 하나님이 세상을 이처럼 사랑하사 독생자를 주셨으니 이는 그를 믿는 자마다 멸망
> 하지 않고 영생을 얻게 하려 하심이라 _ 요한복음 3:16

그냥 예수님을 믿기만 하면 구원을 얻을 수 있도록 하나님께서 예수 그리
스도를 보내신 것입니다. 언제 보내신 것일까요?

> 우리가 아직 죄인 되었을 때에 그리스도께서 우리를 위하여 죽으심으로 하나님께
> 서 우리에 대한 자기의 사랑을 확증하셨느니라 _ 로마서 5:8

하나님의 사랑이 무엇일까요? 바로 십자가입니다.

왜 기독교는 예수님을 믿어야만 구원을 받는다고 말하는 것일까요? 예수
님께서 세상에 온 까닭은 인생 모든 문제를 해결하기 위함입니다. 그렇다면
그 모든 문제라는 것이 무엇일까요? 모든 사람은 다음의 세 가지 근본 문제
가 해결되어야 합니다.

첫째, 하나님 떠난 문제입니다. 모든 인간은 하나님을 만나야 합니다. 예
수님께서는 바로 인간이 하나님을 만날 수 있도록 해 주시기 위해 이 땅에
오셨습니다.

> 내가 곧 길이요 진리요 생명이니 나로 말미암지 않고는 아버지께로 올 자가 없느 니라 _ 요한복음 14:6

예수님께서는 인간으로 하여금 하나님을 만나 구원을 얻게 하는 선지자로 오신 것입니다.

둘째, 죄 문제입니다. 인간의 힘으로는 원죄와 자범죄 등 죄 문제가 결코 해결되지 않습니다.

> 모든 사람이 죄를 범하였으매 하나님의 영광에 이르지 못하더니 _ 로마서 3:23

이 죄 문제를 과연 어떻게 해결해야 할까요?

> 그리스도 예수 안에 있는 생명의 성령의 법이 죄와 사망의 법에서 너를 해방하였음이라 _ 로마서 8:2

예수님께서는 십자가를 지시고 우리가 받을 저주를 대신 받으셨습니다. 예수님은 원죄, 자범죄를 모두 해결하여 주시기 위해 제사장으로 오신 것입니다.

셋째, 마귀의 일입니다.

예수님께서는 마귀의 일을 멸하는 왕으로 오신 것입니다.

선지자, 제사장, 왕은 구약시대에 기름부음을 받은 자의 직분입니다. 이를 통틀어 그리스도라고 합니다. 인간은 하나님을 만나야 하고, 죄 문제를 해결해야 하고, 영적 문제가 치유되어야 합니다. 이 모든 것은 예수를 믿는 순간 해결됩니다. 그렇기 때문에 우리가 예수를 그리스도로 영접해야 하는 것입니다. 이 예수를 믿기만 하면 구원을 받게 됩니다.

영접하는 자 곧 그 이름을 믿는 자들에게는 하나님의 자녀가 되는 권세를 주셨으니 _ 요한복음 1:12

예수님을 믿겠다고 고백하고 마음을 열고 받아들이기만 하면 됩니다. 그 순간 공기가 들락날락해서 여러분이 생명을 유지하듯 여러분 안으로 예수 생명이 들어가 영생을 얻게 되는 것입니다. 여기에는 어떠한 대가도 필요 없습니다. 준비도 필요 없습니다. 지금 이 순간 예수님을 영접하면 하나님 자녀로 신분이 바뀌는 것입니다.

🍃 하나님 자녀의 권세

예수 그리스도를 영접한 하나님 자녀는 신분과 권세가 바뀌게 됩니다. 영접을 하기 전에는 마귀의 자식이었지만 영접을 하면 하나님 자녀가 됩니다. 하나님 자녀에게는 세상을 이길 수 있는 일곱 가지 축복이 주어집니다.

축복1. 하나님 자녀

여러분이 예수님을 영접하는 순간 성령이 여러분 안에 들어오게 됩니다. 성령께서 들어오시면 이제 여러분은 지옥에 가려야 갈 수가 없게 됩니다. 하나님 자녀로서 천국에 가게 되는 것입니다.

축복2. 성령 내주와 인도

이제 성령이 내주하시며 여러분을 인도하여 주십니다. 육의 사람이 영의 사람으로 자꾸만 바뀌게 됩니다.

축복3. 기도 응답

이제 예수님 이름으로 기도하게 되면 응답을 받게 됩니다.

축복4. 흑암 세력 꺾음.

성도의 권세-여러분에게 흑암 세력을 결박할 권세를 주셨습니다. 여러분이 가면 흑암이 꺾이고 물러가게 됩니다.

축복5. 천사 도움

가는 곳마다 하늘 군대가 지키고 보호하여 주십니다.

축복6. 영생, 천국 시민

우리는 이 세상 사람이 아닙니다. 천국 시민권자입니다.

축복7. 세계복음화, 전도의 축복

우리가 이 세상을 살면서 할 일은 세계복음화입니다.

이것이 바로 구원 받은 자의 축복 일곱 가지입니다. 이러한 가치 있는 삶을 여러분이 시작하시게 되길 바랍니다.

말씀을 적용시키는 삶

어떤 목사님이 달동네 판잣집에 사는 한 할머니 집사님 집에 심방을 하게 되었습니다. 예배를 마치고 할머니가 목사님을 대접한다고 부엌에 간 사이 목사님이 안타까운 마음이 들어 방안을 둘러보았습니다. 그런데 벽에 수표 비슷한 것이 붙어 있었습니다. 궁금해서 다가가 자세히 살펴보니 가짜 수표가 아닌 진짜 수표였습니다. 그것도 집 한 채를 사고도 남을 엄청난 액수였습니다. 목사님은 깜짝 놀란 가슴을 진정시키며 할머니가 음식을 가지고 들어오자마자 물어보았습니다.

"아니 집사님, 이 수표가 왜 여기 붙어 있지요?" 이 할머니는 무덤덤하게 대답을 했습니다. "아, 그거요? 별거 아니에요. 목사님, 먼저 이것부터 드세요." 더욱 안달이 난 목사님은 재차 물었습니다. 그래도 할머니는 별 관심이 없다고 하면서 빨리 음식부터 먹으라는 것이었습니다. "아니 좀 이따 먹고요 이것부터 말씀해보세요." 목사님의 독촉에 할머니는 대수롭지 않게 말했습니다. "아, 그거요. 지난 해 아내도 없고 자식들은 다 바빠서 병간호를 못하는 할아버지가 있어서 제가 그분 병간호를 해드렸는데, 어느 날 저를 부르더니 제 손에 저것을 쥐어 주며 고맙다고 하지 뭐예요. 그리고 나서 며칠 후에 세상을 떠났는데, 그분이 주고 간 선물이라 기념으로 벽에 붙여 두었지요."

아무리 소중한 것을 가지고 있더라도 그것의 가치를 알지 못하고 사용하지 못하면 아무 의미가 없습니다. 예수님을 영접한 여러분은 하나님의 자녀로 거듭났습니다. 그리고 하나님의 자녀 된 신분과 권세가 무엇인지 분명히 깨달았습니다. 이제 그 가치를 분명히 인식하고 사실적으로 사용하시기 바랍니다. 벽에만 붙여 놓는 그런 우를 범하지 마시기 바랍니다. 들은 말씀을 벽에 붙이지 마시고 삶에 적용시킴으로써 영육간의 축복을 회복하게 되시기를 주님의 이름으로 축원합니다.

만남의 축복

³유대를 떠나사 다시 갈릴리로 가실새 ⁴사마리아를 통과하여야 하겠는
지라 ⁵사마리아에 있는 수가라 하는 동네에 이르시니 야곱이 그 아들 요
셉에게 준 땅이 가깝고 ⁶거기 또 야곱의 우물이 있더라 예수께서 길 가
시다가 피곤하여 우물 곁에 그대로 앉으시니 때가 여섯 시쯤 되었더라 ⁷
사마리아 여자 한 사람이 물을 길으러 왔으매 예수께서 물을 좀 달라 하
시니 ⁸이는 제자들이 먹을 것을 사러 그 동네에 들어갔음이러라 ⁹사마
리아 여자가 이르되 당신은 유대인으로서 어찌하여 사마리아 여자인 나
에게 물을 달라 하나이까 하니 이는 유대인이 사마리아인과 상종하지
아니함이러라 ¹⁰예수께서 대답하여 이르시되 네가 만일 하나님의 선물
과 또 네게 물 좀 달라 하는 이가 누구인 줄 알았더라면 네가 그에게 구
하였을 것이요 그가 생수를 네게 주었으리라 ¹¹여자가 이르되 주여 물 길
을 그릇도 없고 이 우물은 깊은데 어디서 당신이 그 생수를 얻겠사옵나
이까 ¹²우리 조상 야곱이 이 우물을 우리에게 주셨고 또 여기서 자기와
자기 아들들과 짐승이 다 마셨는데 당신이 야곱보다 더 크니이까 ¹³예수
께서 대답하여 이르시되 이 물을 마시는 자마다 다시 목마르려니와 ¹⁴내
가 주는 물을 마시는 자는 영원히 목마르지 아니하리니 내가 주는 물은
그 속에서 영생하도록 솟아나는 샘물이 되리라
요한복음 4:3~14

🍃인생 최고의 축복

어느 의과대학의 해부학 수업시간에 교수가 학생들에게 이런 말을 했습니다.

"하나님께서 인간을 창조하실 때, 우리 몸의 모든 부위는 하나하나 다 쓸데가 있어서 만드셨습니다. 맹장은 맹장대로, 편도선은 편도선대로, 손톱은 손톱대로 다 필요해서 만드셨습니다. 그런데 단 한 가지 남자의 젖꼭지만은 왜 그걸 만드셨는지 아직 학계에서는 그 이유를 발견해내지 못했습니다."

그러자 앞에 있는 한 학생이 자신만만하게 대답을 했습니다.

"교수님, 그건 앞뒤를 구분하기 위해서입니다."

그 학생의 재치 있는 답변에 교수와 학생들은 크게 웃을 수 있었습니다. 이렇게 우리 신체의 모든 부분이 다 쓸모가 있어서 창조된 것처럼 여러분에게도 하나님의 특별한 계획이 분명히 있다는 사실을 꼭 기억하시기 바랍니다.

우리가 인생을 살아가면서 가장 큰 축복을 꼽으라면 만남의 축복이라고 할 수 있습니다. 매일매일 생활 속에서 우리는 누군가를 만나고 살아갑니다. 그 만남의 대상이 어떠한가에 따라 우리의 삶이 크게 달라집니다. 그래서 인생에서 중요한 세 가지 만남의 축복이 좋은 부모, 훌륭한 스승, 현명한 배우자와의 만남이라는 말도 있습니다. 하지만 이런 만남과는 차원이 다른 한 가지 만남이 있어야 여러분 인생이 최고로 축복 된 삶이 됩니다. 그것이 바로 예수님과의 만남입니다. 독자 여러분 중에는 제가 말씀드린 인생 세 가지 만남의 복이 자신에게는 없다고 생각하는 분들도 있을 것입니다. 그런 분이라도 예수님과의 만남이 이루어지면 그 인생은 역전 인생, 최고의 축복 된 인생으로 변화됩니다. 바로 그런 사람이 이번 이야기에 나오는 사마리아 여자입니다.

이 여자는 이스라엘 사마리아 지역에 살았던 여자이므로 우리가 사마리아 여자라고 부르는데, 온갖 상처와 열등의식 속에서 마치 죽지 못해 사는 인생처럼 살던 사람이었습니다. 이 여자를 예수님께서 친히 찾아가신 것입니다. 그리고 예수님과 만난 이 여자는 인생 최고의 축복, 영원한 생명을 얻게 되는 축복을 맛보게 되었습니다.

🍃 생명 살리는 우선순위

유대를 떠나사 다시 갈릴리로 가실새 사마리아를 통과하여야 하겠는지라
_ 요한복음 4:3~4

예수님께서 유월절 절기를 지키기 위해 예루살렘을 방문하신 후 다시 사역의 중심지였던 갈릴리로 가시는 중이었습니다. 그런데 앞의 성경 말씀을 보면 아주 독특한 표현을 하고 계십니다.

"사마리아를 통과하여야 하겠는지라"

여기에는 마치 의도적으로 사마리아를 지나서 갈릴리로 가시겠다는 의미가 담겨 있는 것으로 보입니다. 당시 유대인들은 사마리아인들을 증오하고 멸시했습니다. 유대인과 사마리아인들의 갈등은 구약시대 앗수르에 의해 사마리아 지방이 멸망하면서 시작되었습니다. 사마리아 지방은 B.C. 722년 앗수르에 의해 멸망했는데, 앗수르는 사마리아에 대해 잡혼 정책을 시행했습니다. 사마리아 남자들을 노예로 데리고 가고, 그 대신 많은 앗수르 이방인들을 사마리아로 이주시킨 후 사마리아 여자들과 결혼시킨 것입니다. 그런데 순수 혈통을 자랑하는 유대인에게 혼혈은 매우 치욕적이었습니다. 그때부터 유대인(남쪽 유다)들은 북쪽 이스라엘의 사마리아 사람들을 증오하고 멸시했습니다. 유대인들은 사마리아 사람을 만나는 것을 금기시했고 사마리아 지방으로 들어가는 것을 극도로 꺼렸습니다. 그래서 유대인들은 사마리아를 통과해서 가는 길이 빠르더라도 일부러 더 먼 길로 돌아갔습니다.

그런데 앞의 성경 말씀을 보면 혈통으로는 유대인이었던 예수님께서 모두가 꺼리는 이 사마리아 지역에 의도적으로 들어가셨습니다. 그 이유는 사마리아 현장에 목말라 갈급해하는 한 영혼이 있었고, 복음이 필요한 영혼들이 그곳에 있었기 때문이었습니다. 예수님의 우선순위는 한마디로 생명을 살리는 것이었습니다.

> 사마리아에 있는 수가라 하는 동네에 이르시니 야곱이 그 아들 요셉에게 준 땅이 가깝고 거기 또 야곱의 우물이 있더라 예수께서 길 가시다가 피곤하여 우물 곁에 그대로 앉으시니 때가 여섯 시쯤 되었더라 사마리아 여자 한 사람이 물을 길러 왔으매 예수께서 물을 좀 달라 하시니 _ 요한복음 4:5~7

예수님께서 사마리아 여자에게 물을 좀 달라고 하면서 대화를 시도했습니다. 그러자 이 여자가 "아니 당신은 유대인인데 어찌하여 사마리아 여자인 나에게 물을 달라고 하십니까?"라고 되물었습니다. 당시 서로 상종하지도 않았던 유대인과 사마리아인의 적대 관계를 그대로 드러낸 표현입니다. 예수님과 사마리아 여자의 대화를 보면 그녀는 다섯 번 결혼했다가 이혼했고, 지금은 결혼도 하지 않은 채로 한 남자와 살고 있는 상태였음을 알 수 있습니다. 그러니 동네에서도 사람들의 따가운 시선을 피하기 어려웠을 것입니다. 앞의 성경 말씀을 보면 여섯 시쯤 되었을 때 우물에 물을 길러 나왔다고 표현하고 있는데 우리 시간으로 하면 한낮인 정오를 말합니다. 즉 가장 태양 빛이 뜨거운 시점입니다. 마을 사람들과 마주치지 않는 그 시간을 택해서 물을 길러 나왔던 것인데 그만큼 사마리아 여자는 민족적으로도, 개인적으로도 큰 상처와 아픔을 가진 삶을 살고 있었던 것입니다.

> 예수께서 대답하여 이르시되 네가 만일 하나님의 선물과 또 네게 물 좀 달라 하는
> 이가 누구인 줄 알았더라면 네가 그에게 구하였을 것이요 그가 생수를 네게 주었
> 으리라 _ 요한복음 4:10

예수님께서 인생살이에 지치고 곤하여 더 이상 삶의 의미를 찾지 못하고 살아가던 이 사마리아 여자에게 생명의 복음을 전해주셨습니다. 특별히 어떤 지식적인 접근이 아니라 이 여자가 알기 쉽도록 풀어서 말씀하셨습니다. 여기서 하나님의 선물이란 구원을 가리킵니다. 그리고 그 구원은 다른 데 있는 것이 아니라 지금 그 여인 앞에 있는 예수님을 통해 주어진다는 사실을 말씀하셨습니다.

"네게 물 좀 달라 하는 이가 누구인 줄 알았더라면 네가 그에게 구하였을 것이요 그가 생수를 네게 주었으리라."

예수님의 이 말씀에 이 여인이 곧 반응을 보였습니다.

> 여자가 이르되 주여 물 길을 그릇도 없고 이 우물은 깊은데 어디서 당신이 그
> 생수를 얻겠사옵나이까 우리 조상 야곱이 이 우물을 우리에게 주셨고 또 여
> 기서 자기와 자기 아들들과 짐승이 다 마셨는데 당신이 야곱보다 더 크니이까

앞의 성경 말씀에서 알 수 있듯이 예수님께서는 영적인 접근을 하셨지만, 이 여인은 아직도 육신적인 관점에서만 생각하고 있습니다. 지금 자기 앞에서 말씀하고 계시는 예수님께서 누구인지 제대로 알지 못했기 때문입니다. 예수님께서는 더 지체하지 않으시고, 자기 생각 속에 사로잡혀서 볼 것을 보지 못하는 이 여자에게 놀라운 복음을 선포하셨습니다.

> 예수께서 대답하여 이르시되 이 물을 마시는 자마다 다시 목마르려니와 내가 주는 물을 마시는 자는 영원히 목마르지 아니하리니 내가 주는 물은 그 속에서 영생하도록 솟아나는 샘물이 되리라 _ 요한복음 4:13~14

야곱의 우물을 최고로 생각하고 있는 이 사마리아 여자에게 예수님께서는 너희 조상들이 팠던 이 우물의 물을 마시는 사람은 다시 목마를 것이라고 말씀하셨습니다. 구약의 종교는 다시 목마르게 만드는 율법의 종교라는 아주 의미심장한 말씀입니다. 사마리아 여자가 갖고 있던 모든 종교적 신념을 다 무너뜨리는 말씀이었습니다. 율법을 지키는 종교 생활로는 결코 영적 갈증을 해소할 수 없습니다. 인생의 갈증, 타는 목마름은 오직 예수님을 통해 주어지는 생수를 마셔야만 완전히 해갈된다는 것입니다.

"내가 주는 물을 마시는 자는 영원히 목마르지 아니하리니 내가 주는 물은 그 속에서 영생하도록 솟아나는 샘물이 되리라."

세상의 그 어떤 것도 영혼의 갈증을 해소할 수 없습니다. 종교·철학·윤리·도덕·선행·봉사 이런 것들로는 결코 영혼의 공허함이 채워지지 않습니다. 이런 것들을 하면 할수록, 마치 목마르다고 바닷물을 마시는 것과 마찬가지로 갈증이 배가 됩니다. 영혼의 목마름은 그 영혼을 창조한 하나님의 품 안으로 들어가야만 해갈이 됩니다. 그래서 하나님을 만나는 유일한 길 되신 예수 그리스도만이 인생의 영원한 생명수가 되는 것입니다.

요한계시록 21장 6절을 보면 예수님께서 생명수 샘물을 목마른 자에게 값 없이 주신다고 말씀하고 있습니다. 구원은 어떤 인간의 종교적 행위로 주어지는 것이 아니라 값없이 주어지는 것입니다. 예수 그리스도께서 이미 값비싼 희생을 십자가상에서 다 치르셨습니다. 십자가 대속과 부활의 능력으로 우리에게 값없이 주어지는 것이 영생입니다. 마음의 문을 열고 예수님을 영접하면 다 끝나는 것입니다.

🍃 영생을 누리고 증거하는 삶

여자가 물동이를 버려 두고 동네로 들어가서 사람들에게 이르되 내가 행한 모든 일을 내게 말한 사람을 와서 보라 이는 그리스도가 아니냐 하니 그들이 동네에서 하루하루가 고통 그 자체였던 사마리아 여자는 자신이 만난 예수가 그리스도라는 사실을 깨닫고 놀라운 인생의 변화를 체험했습니다. 유대인이 멸시하는 사마리아 지역에서도 천대를 받던 이 사마리아 여자, 다른 사람의 눈을 피해서 햇볕이 쨍쨍 내리쬐는 정오에 물을 길러 우물가에 왔던 이 여자가 이제는 마을로 들어가 동네 사람들에게 자기가 만난 예수 그리스도를 증거했습니다.

"와서 보라! 이는 그리스도가 아니냐!"

사마리아 여자의 전도는 이처럼 아주 단순했습니다. 그런데 이런 사마리아 여자의 외침에 동네 사람들이 콧방귀를 뀐 것이 아니라 어떻게 했습니까? 앞의 성경 말씀은 "그들이 동네에서 나와 예수께로 오더라"고 말합니다. 우리가 현장에서 복음을 전할 때 꼭 많은 것을 알아서 전하는 것이 아닙니다. 사마리아 여자도 다른 것을 증거한 것이 아니라 예수가 그리스도라는 사실을 증거했습니다. 자신이 예수 그리스도를 만나고 나니까 그토록 무거웠던 인생의 짐이 가벼워지고 영적인 목마름이 해갈되더라는 것입니다. 그러니까 자신이 만난 그 예수 그리스도를 한번 와서 보라는 것입니다. "와서 그리스도를 보라!"라는 간단한 외침에 창세기 3장의 영원한 저주 가운데 빠져 있는 인생을 구원의 자리로 이끄는 힘이 있습니다.

여러분도 혼자만 영생의 축복을 맛보는 것이 아니라, 혼자만 이 해방된 자유를 누릴 것이 아니라 이제는 그 맛, 그 자유를 불신 가족, 불신 친구, 불신 동료에게 전해보시기 바랍니다. 어렵게 생각할 필요가 전혀 없습니다. 그저 "와서 보라!"라고 말하면 됩니다.

🌿 우리 삶의 생명수

런던대학의 세인트메리병원 의과대학을 졸업하고, 지금까지 통증 및 질병과 연관된 만성 탈수를 연구하는 데 의학 인생의 대부분을 바친 뱃맨겔리지 박사는 그의 저서 「물, 치료의 핵심이다」에서 고혈압, 당뇨, 변비, 천식, 소화 궤양, 편두통, 류머티즘 관절염, 요통, 비만, 뇌중풍 등 대부분 질병들이 체내 좋은 물이 부족하기 때문에 생겨난다고 밝혔습니다. 그는 이 책에서 물을 하루 8컵 정도로 마시면 우리 몸에 보약이 따로 필요 없다고 강조하고 있습니다.

그렇다면 우리의 영적인 건강을 위해서는 어떤 물이 필요할까요? 바로 생명수 되신 예수 그리스도로 충만한 삶이 필요합니다. 그분의 지도, 그분의 영향 속에 살면 됩니다.

예수님께서는 요한복음 7장 38절에서 "나를 믿는 자는 성경에 이름과 같이 그 배에서 생수의 강이 흘러나오리라"라고 말씀하셨습니다. 독자 여러분은 시간이 흐를수록 생명수 되신 예수 그리스도로 충만한 삶을 사시기 바랍니다. 이를 통해 여러분과 만나는 이들이 모두 새롭게 살아나는 생명 구원의 증거가 있게 되기를 주님의 이름으로 축원합니다.

즐거운 복음 인생

⁸우리가 아직 죄인 되었을 때에 그리스도께서 우리를 위하여 죽으심으로 하나님께서 우리에 대한 자기의 사랑을 확증하셨느니라 ⁹그러면 이제 우리가 그의 피로 말미암아 의롭다 하심을 받았으니 더욱 그로 말미암아 진노하심에서 구원을 받을 것이니 ¹⁰곧 우리가 원수 되었을 때에 그의 아들의 죽으심으로 말미암아 하나님과 화목하게 되었은즉 화목하게 된 자로서는 더욱 그의 살아나심으로 말미암아 구원을 받을 것이니라 ¹¹그뿐 아니라 이제 우리로 화목하게 하신 우리 주 예수 그리스도로 말미암아 하나님 안에서 또한 즐거워하느니라

로마서 5:8~11

🍃 하나님의 창조 원리

여러분은 즐거운 삶을 살고 있습니까? 이 질문에 선뜻 그렇다고 답변할 수 있는 분이 많지 않을 것입니다. 지금 삶의 환경을 보면 전혀 즐겁다고 말할 수 있는 상황이 아닙니다. 당장 눈앞에 보이는 경제 문제, 부부 관계, 자녀 문제, 인간관계 등의 문제가 있고, 이 문제가 해결되면 또 다른 문제가 발생하기 때문입니다. 그렇다면 여러분은 왜 인간이 이런 문제와 평생 씨름하는 삶을 살게 되었는지를 한 번이라도 생각해 본 적이 있습니까?

 사실 원래 인간이 맨 처음 창조되었을 때는 이렇지 않았습니다. 성경의 첫 구절인 창세기 1장 1절을 보면 "태초에 하나님이 천지를 창조하시니라"라고 되어 있습니다. 창조주 하나님께서 우주 만물과 함께 인간까지 창조하신 것입니다. 그런데 특별히 인간을 창조하실 때는 다른 피조물과는 다르게 창조하셨습니다. 창세기 1장 27절을 보면 하나님께서 하나님의 형상대로 인간을 창조하셨다고 말씀하고 있습니다. 그것도 유일하게 하나님의 형상대로 지음을 받았고, 하나님과 더불어 행복하게 살도록 창조되었다는 것입니다. 물고기는 물속에, 새는 공중에, 나무는 땅 속에 뿌리내리고 살아야 자유롭듯이 하나님의 형상대로 창조된 인간은 하나님과 함께 살아야 진정한 행복을 누리게 됩니다. 이것이 하나님의 창조원리입니다.

 특별히 하나님의 형상대로 지음을 받은 인간에게 하나님께서는 하나님과 영적으로 교제하며 이 땅에 있는 모든 것을 다스리고 정복하는 축복을 주셨습니다. 다만 한 가지 창조주 하나님과 피조물 인간과의 구분점이 있었는데 그것이 바로 선악과입니다. 하나님께서는 선악과만 따먹지 말라고 하셨습니다. 그런데 첫 사람 아담과 하와가 사탄이라는 영적 존재의 조종을 받은 뱀에게 속아서 그만 선악과를 따먹고 말았습니다. 이것을 원죄라고 합니다. 이렇게 하나님의 말씀에 불순종하는 죄를 범한 인간은 영혼이 타락해서 하나님을 떠나게 되었고 죄의 사슬에 갇혀 사탄에게 종노릇하며 살다가 멸망의 길로 갈 수밖에 없는 존재가 된 것입니다. 이것이 인생의 근본 문제입니다.

🍃 인생 근본 문제의 해결책

우리가 아직 죄인 되었을 때에 그리스도께서 우리를 위하여 죽으심으로 하나님께서 우리에 대한 자기의 사랑을 확증하셨느니라 _ 로마서 5:8

이 말씀이 바로 운명이 바뀐 인간의 상태와 해결책에 대한 설명입니다. 앞의 성경 말씀에 따르면 인간의 상태는 죄인입니다. 우리가 구원을 받아야 할 이유가 바로 죄인이 되었기 때문입니다. 어떤 사람들은 "내가 지금까지 다른 사람에게 피해 준 일이 없고 도덕적으로 문제 될 만한 일을 하지 않았는데 무슨 죄인이냐."라고 말하기도 합니다. 그런데 여러분이 아셔야 할 것이 있습니다. 인간은 단순히 눈에 보이는 삶이 전부가 아니라 눈에 보이지 않는 영적 부분이 있다는 사실입니다. 조금 전에 제가 말씀드린 대로 모든 인간은 한 사람도 빠짐없이 원죄 상태에서 태어나기 때문에 죄인 된 존재입니다. 원죄를 가진 인간은 그 신분이 마귀의 자녀로 바뀌게 되었고 마귀의 종노릇하며 우상숭배하고 살게 되었습니다. 사주팔자, 운명에 매여

살 수밖에 없는 존재가 된 것입니다. 이때부터 자연스럽게 각종 정신 문제에 시달리고 원인 모를 육신의 질병 속에서 고통받다가 죽어 지옥으로 가는 것입니다. 그리고 이런 운명은 자신의 대에서 끝나는 것이 아니라 대물림됩니다. 하나님 떠난 인간은 한 사람도 예외 없이 이런 불신자 상태에 빠져있습니다.

다른 동물들과 달리 영혼을 가진 존재인 인간은 아무리 육신적인 만족을 얻었다고 해도 영적으로 채워지지 않으면 참 행복을 맛볼 수 없습니다. 왜 인기 많은 연예인이나 재벌가 자녀 중에 마약을 하는 사람이 있을까요? 우리가 볼 때 아무 아쉬울 것이 없는 사람이지만 돈으로도 인기로도 권력으로도 채워지지 않는 무언가가 있기 때문입니다. 프랑스의 수학자이자 신학자인 파스칼은 "모든 사람의 마음속에는 하나님이 만드신 공허라는 공간이 있다. 이곳은 어떤 피조물로도 채울 수 없고 오직 예수 그리스도의 말씀만으로 채울 수 있다."라고 말했습니다. 인간의 내면 깊숙한 곳에 자리 잡은 공허의 공간은 이 세상의 그 무엇으로도 채울 수 없고 오직 예수 그리스도로만 채워진다는 것입니다. 그런데 원죄로 인해 영의 눈이 어두워져 있는 인간은 이 유일한 길을 모릅니다. 그래서 인간 스스로 이런 문제를 해결해보려고 많은 노력을 합니다. 우상과 같은 형상을 만들어 숭배하고 하나님이 아닌 귀신을 섬깁니다. 귀신에 사로잡힌 점쟁이들한테 가서 답을 달라고 하기도 합니다.

하지만 분명히 알아야 할 것이 있습니다. 사탄이라고 하는 마귀와 그 졸개인 귀신들은 결코 인간에게 유익한 일을 하지 않습니다. 처음에는 그럴듯하게 광명의 천사로 가장해서 찾아와도 결국은 멸망 길로 가게 만드는 것입니다. 귀신은 결코 인간을 이롭게 하는 존재가 아닙니다.

또 어떤 사람들은 도를 닦거나 수행을 하고 고행을 하는 등 각종 종교 생활에 열심히 참여합니다. 이런 세상 종교는 윤리적으로나 도덕적으로 좋은 가르침을 줄 수는 있습니다. 그러나 그것이 인생의 근본 문제를 해결할 수 없습니다. 수행이나 고행 따위의 인간적인 노력으로 죄 문제를 해결할 수 있다면 좋을 것입니다. 그러나 결코 인간 스스로 죄 문제에서 벗어날 수 없습니다. 그래서 이런 인간을 위해 사랑이 많으신 하나님께서 한 가지 길을 여셨는데 그 길이 바로 예수 그리스도입니다.

🍃 예수 그리스도의 십자가 대속과 부활

우리가 아직 죄인 되었을 때에 그리스도께서 우리를 위하여 죽으심으로 하나님께서 우리에 대한 자기의 사랑을 확증하셨느니라 _ 로마서 5:8

우리가 하나님을 떠나 죄 가운데 있을 때 예수 그리스도께서 십자가에 달려 죽으심으로 우리가 가지고 있는 모든 죄 문제를 해결해 주셨습니다. 왜 십자가에서 피를 흘리신 것이 우리의 죄 문제 해결로 이어질까요? 하나님께서는 창세기 3장에서 발생한 첫 사람 아담의 범죄 이후 인간의 죄 문제 해결을 위해 희생 제사를 드리라고 명하셨습니다. 그래서 구약 시대에는 1년에 한 번씩 대제사장이 짐승의 피로 사람의 죄에 대해 속죄했습니다. 죄를 지은 사람을 죽일 수는 없으므로 사람 대신 양과 같은 짐승에게 그 죄를 전가해서 죽인 것입니다. 그리고 그 피를 가지고 성소에 들어가서 뿌림으로써 죄를 용서받는 예식을 행했습니다. 그런데 예수 그리스도께서 친히 그 속죄 제물이 되심으로써 더 이상 양을 잡을 필요가 없어진 것입니다.

> 그러면 이제 우리가 그의 피로 말미암아 의롭다 하심을 받았으니 더욱 그로 말미암아 진노하심에서 구원을 받을 것이니 곧 우리가 원수 되었을 때에 그의 아들의 죽으심으로 말미암아 하나님과 화목하게 되었은즉 화목하게 된 자로서는 더욱 그의 살아나심으로 말미암아 구원을 받을 것이라 _ 로마서 5:9~10

우리가 죄로 인해 하나님과 원수 된 관계에 있을 때 예수 그리스도의 십자가 대속과 부활하심으로 하나님과 화목하게 되는 길이 열린 것입니다. 예수는 그 이름의 뜻이 구원자이고 그리스도는 기름 부음 받은 자라는 뜻입니다. 구약 시대에는 선지자, 제사장, 왕이 기름 부음 받고 직분을 감당했습니다. 그런데 예수님께서 그리스도로 오셔서 이 세 가지 직분을 감당하셨습니다. 선지자로서 하나님 만나는 길이 되셨고(요한복음 14:6), 제사장으로서 모든 죄를 사해주셨고(로마서 8:1~2), 왕으로서 인간을 멸망의 길로 이

끈 사탄의 일을 멸하셨습니다(요한1서 3:8). 한마디로 예수가 그리스도로 오셔서 인간의 모든 문제를 완벽히 해결하신 것입니다. 그래서 예수님께서 하나님의 아들 그리스도이심을 믿고 인생의 주인으로 모셔 들이는 자는 누구든지 구원을 얻고 하나님의 자녀가 되는 것입니다.

에베소서 2장 8~9절을 보면 구원은 어떤 인간의 노력으로 주어지는 것이 아니라 하나님의 은혜로 주어지는 선물이라고 말합니다. 선물은 어떤 대가를 요구하지 않습니다. 그저 감사함으로 받기만 하면 됩니다.

> 네가 만일 네 입으로 예수를 주로 시인하며 또 하나님께서 그를 죽은 자 가운데서 살리신 것을 네 마음에 믿으면 구원을 받으리라 사람이 마음으로 믿어 의에 이르고 입으로 시인하여 구원에 이르느니라 _ 로마서 10:9~10

마음으로 믿고 입으로 시인하면 구원에 이르는 영생의 축복을 받게 되는 것입니다.

🍃 예수 그리스도를 누리는 삶

영국의 시인 가일스 플레처는 예수님을 이렇게 묘사했습니다.

"길 잃은 자에게 그분은 길입니다. 헐벗은 자에게 옷이며, 굶주린 자에게 음식입니다. 묶인 자에게 자유이며, 약한 자에게 강함입니다. 죽은 자에게 삶이고 병든 자에게 강건이며, 눈먼 자에게 광명이고 가난한 자에게 부요입니다. 다시는 잃지 않을 즐거움이며 도둑맞지 않는 보물입니다."

쉽게 말하면 예수님이 인생의 모든 문제 해결자가 되신다는 말입니다. 어떤 문제가 와도 예수 그리스도로 답을 내게 되니까 환난 중에도 즐거워할 수 있습니다.

그렇다면 어떻게 해야 지속적으로 이 삶을 누릴 수 있을까요? 바로 예배 속에서 말씀을 붙잡고 그것을 자신의 삶에 적용하면 됩니다. 독자 여러분이 말씀 속에서 예수 그리스도를 누리며 늘 즐거운 복음 인생을 살게 되시기를 주님의 이름으로 축원합니다.

영접기도

사랑의 하나님, 저는 죄인입니다.

인생이 어디서 와서 무엇을 하다가 어디로 가는지 알지 못하고

방황하며 살았습니다. 지금 마음의 문을 열고 예수님을

구주로 영접합니다. 제 안에 들어오셔서 저의 주인이 되어 주시옵소서.

제가 과거에 지은 죄, 현재에 짓는 죄, 미래에 지을 죄까지 다 십자가의 보혈로

씻어서 용서해 주시고 저를 하나님의 자녀로 삼아 주심을

감사드립니다. 지금부터 천국 가는 그날까지 인도하여 주시옵소서.

예수님의 이름으로 기도합니다.

아멘.

참된 기도 생활

성경적 기도 원리①

⁵또 너희는 기도할 때에 외식하는 자와 같이 하지 말라 그들은 사람에게 보이려고 회당과 큰 거리 어귀에 서서 기도하기를 좋아하느니라 내가 진실로 너희에게 이르노니 그들은 자기 상을 이미 받았느니라 ⁶너는 기도할 때에 네 골방에 들어가 문을 닫고 은밀한 중에 계신 네 아버지께 기도하라 은밀한 중에 보시는 네 아버지께서 갚으시리라 ⁷또 기도할 때에 이방인과 같이 중언부언하지 말라 그들은 말을 많이 하여야 들으실 줄 생각하느니라 ⁸그러므로 그들을 본받지 말라 구하기 전에 너희에게 있어야 할 것을 하나님 너희 아버지께서 아시느니라 ⁹그러므로 너희는 이렇게 기도하라 하늘에 계신 우리 아버지여 이름이 거룩히 여김을 받으시오며 ¹⁰나라가 임하시오며 뜻이 하늘에서 이루어진 것 같이 땅에서도 이루어지이다 ¹¹오늘 우리에게 일용할 양식을 주시옵고 ¹²우리가 우리에게 죄 지은 자를 사하여 준 것 같이 우리 죄를 사하여 주시옵고 ¹³우리를 시험에 들게 하지 마시옵고 다만 악에서 구하시옵소서 (나라와 권세와 영광이 아버지께 영원히 있사옵나이다 아멘)
마태복음 6:5~13

🍃 참된 기도

세상의 다른 종교도, 미신과 우상을 숭배하는 자들도 다 나름대로 기도를 합니다. 그렇기 때문에 우리는 이런 기도와는 차원이 다른 성경적 기도의 본질을 제대로 깨닫고 올바른 방법으로 올바른 방향을 잡고 기도해야 합니다. 그래서 예수님께서 친히 제자들에게 "너희는 이렇게 기도하라."라며 기도를 가르쳐주신 것입니다.

무엇보다 당시 이스라엘의 지도층이었던 바리새인과 서기관들의 기도는 지극히 형식적이었습니다. 하나님 앞에서의 기도가 아니라 다른 사람에게 자신이 경건하다는 것을 나타내기 위한 보여주기식 기도에 불과했던 것입니다. 그들은 경건의 모양만 있지 경건의 능력이 없는 헛된 기도를 일삼고 있었습니다.

마태복음 6장을 시작하면서 마태는 영적인 삶의 한 가지 대전제를 말했습니다.

> 사람에게 보이려고 그들 앞에서 너희 의를 행하지 않도록 주의하라 그리하지 아니하면 하늘에 계신 너희 아버지께 상을 받지 못하느니라 _마태복음 6:1

이것이 무슨 말입니까? 기도뿐만 아니라 신앙생활 자체를 하나님 앞에서 하라는 말입니다. 다른 사람에게 보이려고 하는 외식적인 신앙생활은 하나님께서 기뻐하지 않으십니다. 사람을 의식해서 헌금이나 구제를 한다든지 사람에게 보이기 위해 교회에 나오거나, 사람을 기쁘게 하려고 찬양을 하는 것들은 참된 신앙이 아닙니다. 외식적인 종교생활이 아니라 오직 하나님 앞에서의 신앙생활을 해야 하는 것입니다.

🍃 본질을 붙잡는 기도

> 또 너희는 기도할 때에 외식하는 자와 같이 하지 말라 그들은 사람에게 보이려고 회당과 큰 거리 어귀에 서서 기도하기를 좋아하느니라 내가 진실로 너희에게 이르노니 그들은 자기 상을 이미 받았느니라 _ 마태복음 6:5

예수님께서는 하나님이 기뻐하시고 원하시는 기도에 대해 구체적인 이론을 말씀하시기에 앞서 당시에 행하던 잘못된 기도에 대한 부분을 먼저 언급하셨습니다. 예수님께서는 우리가 기도할 때에 외식하는 자들과 같이 기도해서는 안 된다고 말씀하셨습니다. 본문에 언급되는 외식하는 자는 바리새인들을 의미합니다.

당시 유대인들은 종교생활을 하는 데 꼭 지켜야 할 세 가지 기본 덕목이 있었습니다. 그것이 마태복음 6장에서 예수님께서 언급하신 구제와 기도, 금식이었습니다. 특별히 바리새인과 서기관은 이 세 가지에 있어서는 타의 추종을 불허할 정도로 철저했습니다. 그런데 문제는 이들이 하나님 앞에서 진실하게 기도한 것이 아니라는 점입니다. 그들은 일부러 사람들이 많은 회당과 큰 거리 어귀에 서서 사람들에게 보이도록 기도했습니다. 자신들이 경건하다는 것을 은근히 자랑하기에 바빴던 것입니다. 외식주의에 빠진 당시 바리새인들은 기도할 때 일단 평상시 음성과 달리 떨리는 음성으로 기도했다고 합니다. 이는 하나님 앞에 경건하고 하나님의 영을 받았다는 것을 나타내려고 일부러 그런 것입니다. 또 이들은 기도할 때 어깨를 흔들면서 기도를 했는데, 뭔가 영감을 받은 척하기 위해 기도할 때마다 고의적으로 어깨를 떨었습니다. 한마디로 그들은 자기도취 속에서 기도의 본질을 놓쳐도 한참 놓치고 있었던 것입니다.

 기도가 무엇입니까? 기도는 예수 그리스도의 십자가 대속과 부활을 통해 하나님을 아버지로 모시게 된 자녀들이 하나님 아버지께 드리는 일상적인 대화입니다. 그래서 기도는 아무나 하는 것이 아니라 하나님 자녀 된 자에게만 주어진 특권이고 최고 축복입니다. 창세기 3장에서 발생한 인간의 범죄로 인해 인간은 하나님과 모든 관계가 단절되어 버렸습니다. 이때부터 하나님과 인간 사이의 대화가 끊기게 된 것입니다. 범죄한 인간은 하나님을 떠나 죄와 저주 가운데 사탄 종노릇하며 살다가 영원한 멸망 길로 갈 수밖에 없는 운명이 된 것입니다.

왜 불신자들이 그렇게 우상을 만들어 섬기고, 이상한 형상물이라도 발견하면 거기다 대고 절하며 지극정성으로 기도하겠습니까? 하나님 떠난 인간도 영적 존재이기 때문에 하나님을 찾으려는 본성이 남아 있기 때문입니다. 그런데 참 하나님을 알지 못하니까 우상을 만들어서 섬기고 이상한 형상 앞에 잘되기를 비는 것입니다. 그러나 하나님 떠난 인간의 배후에는 사탄이 교묘하게 속이고 있습니다. 인간을 죽이고 멸망시키려는 사탄에게 복을 빌어 봤자 돌아오는 것은 멸망뿐입니다. 그래서 기도를 하더라도 예수 그리스도를 믿고 하나님의 자녀가 된 후에 해야 합니다. 그래야 풍성한 생명, 영원한 생명을 누리는 기도를 하게 됩니다. 예수님께서는 잘못된 기도에 대해서 말씀하신 후에 참된 기도가 무엇인지에 대해서도 비교해서 설명해 주셨습니다.

> 너는 기도할 때에 네 골방에 들어가 문을 닫고 은밀한 중에 계신 네 아버지께 기도하라 은밀한 중에 보시는 네 아버지께서 갚으시리라 _ 마태복음 6:6

하나님은 골방에서 우리를 만나시기 원하십니다. 골방은 아무런 방해를 받지 않고 하나님과 단둘이 만날 수 있는 공간을 의미합니다. 이것은 작은 밀실만을 의미하는 것은 아닙니다. 어디서든지 우리는 골방을 만들 수 있습니다. 다른 사람으로부터 방해를 받지 않고 하나님과 나와의 깊은 대화를 나

눌 수 있다면 그곳이 골방입니다. 정시 기도, 정시 예배를 드리는 것이 골방 기도입니다. 기도는 인간이 만든 아이디어가 아니라 하나님께서 만드셔서 우리에게 허락하신 은혜의 통로입니다.

> 또 기도할 때에 이방인과 같이 중언부언하지 말라 그들은 말을 많이 하여야 들으실 줄 생각하느니라 _ 마태복음 6:7

예수님께서는 우리가 기도할 때 이방인들과 같이 중언부언해서는 안 된다고 말씀하셨습니다. 중언부언이라는 말은 의미 없는 말을 반복하는 것입니다. 마치 아무 생각 없이 습관적으로 주문을 외우듯이 하는 기도를 말합니다. 기도는 한마디를 해도 하나님과 관계있는 생명력 있는 대화가 되어야 합니다. 그래서 언약 기도가 중요합니다.

본질을 붙잡는 기도는 언약 기도입니다. 강단에서 선포되는 말씀을 붙잡고 하나님의 응답의 시간표에 따라 기도하는 것이 기도의 최우선순위가 되어야 합니다. 언약 기도가 되지 않으면 기도의 방향이 전부 다 자기중심, 물질 중심, 세상 성공 중심으로 흐르게 되어 있으므로 기도의 방향을 잡아야 합니다. 오직 그리스도, 오직 하나님 나라, 오직 성령 충만을 위해 기도해야 합니다.

"나 중심의 모든 옛 틀이 그리스도 중심의 새 틀로 바뀌게 하여 주옵소서.

지금까지 물질이 인생을 움직였다면, 이제는 물질이 아니라 하나님 나라 확장에 내 삶의 방향을 맞추게 하여 주옵소서. 세상 성공 중심이 아니라 나를 넘어서 성령 충만을, 내게 주어진 생명 구원의 사명을 충실히 감당하게 하옵소서." 이런 언약 기도를 드리면 여러분이 구하지 않은 것까지도 더하여 주시는 분이 하나님이십니다.

마태복음 6장 8절을 보면 "구하기 전에 너희에게 있어야 할 것을 하나님 너희 아버지께서 아시느니라"라고 말씀하셨습니다. 사도 바울은 에베소서 3장 20절에 우리 가운데서 역사하시는 능력대로 우리가 구하거나 생각하는 모든 것에 더 넘치도록 능히 하실 분이 바로 하나님이심을 고백했습니다. 우리는 분명한 기도 응답의 확신을 가지고 본질을 붙잡는 언약 기도자로 서야 합니다.

🍃 기도의 유일한 대상

> 그러므로 너희는 이렇게 기도하라 하늘에 계신 우리 아버지여 이름이 거룩히 여김을 받으시오며 _ 마태복음 6:9

예수님께서 기도의 본질을 말씀하신 후에 이제는 "너희는 이렇게 기도하라"라며, 기도하는 방법을 말씀해 주셨습니다. 주님께서 가르쳐주신 기도라고 해서 주기도문이라고 불리는 이 기도는 성경적 기도 원리를 가르쳐 주고 있습니다. 주기도문을 자세히 들여다보면 문장은 아주 간결하고 단순하지만, 그 속에는 예수님께서 3년간의 공생애 기간에 가르치신 모든 교훈을 요약하고 있습니다. 그래서 주기도문을 가리켜 작은 복음이라고 말하기도 합니다.

예수님께서는 "하늘에 계신 우리 아버지여"라며, 기도할 때 일차적으로 분명한 기도의 대상을 두고 기도해야 한다는 것을 보여주셨습니다. 기도에 있어서 제일 중요한 것이 바로 기도의 대상입니다. 특히 유일한 기도의 대상인 하나님께서 하늘에 계신 분임을 밝히고 있습니다. 하늘에 계신다는 말은 단순히 우리 눈에 보이는 하늘을 의미하는 것이 아닙니다. 이런 공간적 개념을 초월해서 우주 만물을 다스리시고 통치하시는 창조주 하나님, 무소부재, 전지전능하신 하나님이라는 것입니다. 세상 사람들이 막연하고 모호하게 부르는 그런 신과는 절대 다른 완전하시고 인격적인 하나님이십니다. 이런 하나님이 우리 기도를 듣고 계시고 응답해 주시니 기도할 맛이 나지 않습니까?

재미있는 것은 예수님께서 우리의 유일한 기도의 대상인 하나님을 향해 아버지라고 부르면서 기도를 하라고 말씀하셨다는 사실입니다. 한 신학자는 "예수님 당시까지 예수님 외에는 아무도 하나님을 아버지라고 부른 사람이 없었다. 그리고 하나님을 아버지라고 부르도록 가르치거나 교육시킨 사람도 없었다."라는 말을 했습니다. 이스라엘 사람들은 여호와라는 하나님의 이름을 부르는 것을 두려워해서 엘로힘(하나님), 아도나이(主)라는 명칭을 대신 사용할 정도였습니다. 구약의 율법적 사고에서는 당연히 두려울 것입니다. 그러나 새롭게 복음 시대를 여신 예수님께서는 하나님을 아버지로 부르며 기도하라고 말씀하셨습니다.

로마서 8장 15절을 보면 "너희는 다시 무서워하는 종의 영을 받지 아니하고 양자의 영을 받았으므로 우리가 아빠 아버지라고 부르짖느니라"라고 되어 있습니다. 우리는 더는 마귀의 자식이 아닙니다. 저주받은 진노의 자녀가 아닙니다. 하나님 앞에 종처럼 무서워하며 나아가는 것이 아니라 어린아이가 자기 아빠를 대하듯 그 사랑 가운데 나아갈 수 있게 된 것입니다. 히브리서 4장 16절의 말씀처럼 예수 그리스도의 대속 사역을 통해 하나님의 긍휼 하심을 받고 때를 따라 돕는 은혜를 얻기 위하여 은혜의 보좌 앞에 담대히 나아갈 수 있는 자격이 생긴 것입니다. 이것이 하나님의 자녀 된 특권 중의 특권입니다.

"하늘에 계신 우리 아버지여"라는 표현 속에는 유심히 보아야 할 단어가 하나 들어있습니다. 바로 '우리'라는 말입니다. 예수님께서 그냥 아버지라고 표현하셔도 되는데, 굳이 '우리 아버지'라고 하신 이유가 무엇일까요? 바로 하나님의 자녀는 홀로 살아가는 존재가 아니라 예수 그리스도를 중심으로 하나 된 복음 공동체의 일원이라는 사실을 강조한 것입니다. 한마디로 지체 의식, Oneness 의식을 가지고 신앙생활을 해야 한다는 것입니다. 여기에 더해 '우리'라는 표현 안에는 선교적 소명이 담겨 있습니다. 이스라엘 백성들처럼 자기들만 하나님의 선택받은 자녀라는 선민의식에 빠져 있지 말라는 것입니다. 우리는 항상 세계를 살리는 선교적 사명을 가지고 주의 일을 감당해야만 합니다. 그러면 우리의 스케일이 달라져서 하나님의 스케일을 체험하는 삶 속에 들어가게 되어 있는 것입니다.

🍃 기도는 하나님과의 영적 교제

찬송가 364장 「내 기도하는 그 시간」은 월포드 목사가 쓴 찬송입니다. 그는 맹인이었습니다. 사람들은 눈에 보이는 세상의 것으로 기쁨을 찾으려고 합니다. 그러나 앞이 보이지 않았던 월포드 목사는 비록 눈으로 보지 못하지만 하나님과의 영적 교제를 나누는 그 시간, 영으로 하나님을 만나는 그 시간을 통해 가장 큰 기쁨을 발견했던 것입니다.

여러분이 하나님과 영적 교제가 활성화되는 만큼 여러분의 삶도 활력을 찾게 될 것입니다. 기도하는 사람은 다릅니다. 만나서 대화를 해봐도 다르고 삶의 모습도 다르게 되어 있습니다. 하나님이 원하시는 뜻과 계획에 방향을 맞추고 하나님이 주시는 힘으로 살고 있으니 다를 수밖에 없습니다. 성령 내주, 인도, 충만한 역사가 삶 속에 펼쳐지므로 변화가 일어날 수밖에 없는 것입니다. 독자 여러분이 이런 성경적 기도의 본질을 붙잡고 참된 응답을 누리는 성경적 기도자가 되시기를 주님의 이름으로 축원합니다.

성경적 기도 원리②

> [9]그러므로 너희는 이렇게 기도하라 하늘에 계신 우리 아버지여 이름이
> 거룩히 여김을 받으시오며 [10]나라가 임하시오며 뜻이 하늘에서 이루어
> 진 것 같이 땅에서도 이루어지이다 [11]오늘 우리에게 일용할 양식을 주시
> 옵고 [12]우리가 우리에게 죄 지은 자를 사하여 준 것 같이 우리 죄를 사하
> 여 주시옵고 [13]우리를 시험에 들게 하지 마시옵고 다만 악에서 구하시옵
> 소서 (나라와 권세와 영광이 아버지께 영원히 있사옵나이다 아멘)
> 마태복음 6: 9~13

🍃 기도는 하나님 자녀의 특권

 기도는 하나님의 자녀 된 자의 특권 중의 특권입니다. 또 하나님을 마치 상
관 대하듯 하는 것이 아니라 가장 친근하게 아빠 아버지라고 부르며 교제할
수 있는 축복 중의 축복입니다. 그런데 사실 이런 기도의 축복을 놓치고 사
는 성도들이 많습니다. 기도에 대해 너무 많은 오해가 있기 때문입니다. 대
표적인 것이 기도를 율법적으로 종교화시킨다는 것입니다. 기도는 밤을 새
워서 해야 하고, 금식하면서 해야 하고, 기도원에 들어가서 해야 하나님께

서 잘 들으신다는 어떻게 보면 미신적인 문화를 가지고 있는 사람들이 많습니다. 이것은 기도를 오해한 것입니다.

 전지전능하시고 무소부재하신 창조주 하나님께서 우리가 속으로 기도한다고 못 들으시겠습니까? 그렇지 않습니다. 여러분이 걸어 다니면서 생각만 해도 그것이 다 기도가 됩니다. 기도를 너무 어렵게 생각할 필요가 없습니다. 예수님께서 가르쳐 주신 성경적 기도 원리를 통해 영원의 응답을 체험하시기 바랍니다.

🌿 하나님의 나라

> 그러므로 너희는 이렇게 기도하라 하늘에 계신 우리 아버지여 이름이 거룩히 여김을 받으시오며 _ 마태복음 6:9

 하나님을 아버지라고 부르며 기도할 수 있는 특권을 가진 하나님의 자녀가 제일 먼저 기도해야 할 제목은 하나님의 이름이 거룩히 여김을 받으시라는 부분입니다. 특히 우리나라 사람들은 사람의 이름에 대해 많은 의미 부여를 합니다. 앞으로 이런 사람이 되라는 뜻에서 다양한 의미를 넣어서 이름을 짓습니다. 그런데 우리 못지않게 이름을 중요시하는 민족이 유대인입니다. 이름이 그 사람의 인격과 삶을 대변한다고 해서 이름을 지을 때는 그 사람이 어떤 생을 살 것인가를 내다보면서 지어줍니다. 성경의 인물들을 보면 그 이름에 담긴 뜻대로 삶을 살았다는 것을 많이 발견할 수 있습니다.

그러면 하나님은 어떤 이름을 가지셨고, 그 이름에는 어떤 뜻이 담겨 있겠습니까? 출애굽기 3장 14~15절에 보면 잘 나와 있습니다. 여기서 보면 하나님께서 모세를 부르시는 장면이 나오는데 모세가 아주 독특하게 하나님의 이름이 무엇인지 물어보았습니다. 이때 하나님께서 이렇게 답변하셨습니다.

"나는 스스로 있는 자이니라."

"나는 너희 조상의 하나님 여호와니라."

"이는 나의 영원한 이름이요 대대로 기억할 나의 칭호니라."

하나님께서 모세에게 가르쳐 주신 이름은 '여호와'이고, 그 뜻은 '스스로 있는 자'입니다. 신학적으로 볼 때 '스스로 있는 자'라는 말에는 아주 다양한 의미가 담겨 있습니다. 우선적으로 스스로 있다는 말은 누구에 의해서 지음 받은 피조물이 아니고 스스로 계셔서 모든 것을 창조하시는 창조주라는 뜻입니다. 또 이 말은 누구에 의해서 지배를 받는 분이 아니고 스스로 모든 것을 지배하시는 역사의 주인이라는 뜻입니다. 그리고 시공간의 제한을 초월하신 영원하시고 무소부재하신 분, 전지전능하신 분이라는 뜻을 가지고 있습니다. 이 이름이 거룩히 여김을 받도록 우리가 기도해야 한다는 것이 예수님의 말씀입니다.

빌리 그래함 목사는 "예수님께서 가르쳐 주신 다른 기도들, 일용할 양식을 주옵소서, 시험에 들게 하지 마옵소서와 같은 기도들은 천국에 가면 더 이상 필요치 않다. 그러나 하나님 아버지의 이름을 높여 드리는 기도는 천국에서도 계속 필요할 것이다."라고 말했습니다. 그만큼 하나님의 이름이 거룩히 여김을 받도록 하는 삶이 중요하다는 것입니다.

사실 하나님은 거룩 그 자체이십니다. '거룩'이라는 말은 히브리어로 '카도쉬'인데 창조주를 의미합니다. 이는 다른 우상과 비교하여 참 하나님이심을 드러내는 단어입니다. 헬라어로는 '하기오스'라고 하는데 이는 '구분하다'라는 의미입니다. 다시 말해 하나님은 다른 세상의 헛된 신들과는 구분된 스스로 거룩하신 분입니다. 그러므로 하나님의 이름이 거룩히 여김을 받으시라는 기도는 우리의 삶이 하나님의 거룩을 닮아가야 한다는 것입니다. 우리의 삶을 통해 하나님의 거룩하심이 드러나도록 해야 합니다. 이것은 우리에게 기도의 구체적인 방향을 보여주고 있는 말씀입니다. 그 핵심이 무엇입니까? 바로 하나님의 나라가 임하도록 기도하는 것입니다.

나라가 임하시오며 뜻이 하늘에서 이루어진 것 같이 땅에서도 이루어지이다 하나님의 이름이 거룩히 여김을 받도록 하는 것과 하나님의 나라가 임하도록 기도하는 것은 본질적인 의미에서 일맥상통합니다. 하나님의 나라는 제한된 공간 즉 장소의 개념이 아니라 주님이 통치하시는 상태입니다. 다시 말해서 하나님의 주권이 행사되는 현장을 말합니다. 그래서 누가복음 17장 20~21절을 보면, 예수님께서 이 땅에 오신 것을 두고 하나님의 나라가 임했다고 표현하는 것입니다.

예수님은 우리에게 하나님 나라에 들어갈 수 있도록 기도하라고 가르치지 않으셨습니다. 하나님의 나라가 우리 가운데 이루어지게 해달라고 기도할 것을 말씀하셨습니다. 여기에 기독교 복음의 핵심이 있습니다. 우리는 이미 예수 그리스도를 통해 모든 영적 문제를 완전히 해결 받았으므로 우리가 이 땅의 삶을 마감하고 돌아갈 완전한 천국이 보장되어 있습니다. 여기에 더 중요한 것은 우리가 이 땅에서도 이런 참된 해방과 자유의 축복을 누리며, 예수 그리스도를 통해 주어진 재창조의 축복을 확실하게 맛보아야 한다는 사실입니다. 로마서 14장 17절을 보면 "하나님의 나라는 먹는 것과 마시는 것이 아니요 오직 성령 안에 있는 의와 평강과 희락이라"라고 말씀하고 있습니다. 우리는 예수 그리스도를 통해 주어진 이런 참 평안, 참 감사, 참 기쁨, 참 행복의 복음적 삶을 누리면서 하나님의 나라가 임하는 것을 체험해야 합니다.

한 신학자는 "나라가 임하시오며"라는 기도는 교회의 기도일 뿐만 아니라 한 걸음 더 나아가 교회의 책임을 의미한다고 말했습니다. 우리 인생이 어떤 방향으로 나가야 하는지 아주 사실적으로 보여주고 있는 것입니다. 예수님께서는 우리에게 가서 모든 민족을 제자로 삼을 것과 성령이 임하면 권능을 받고 예루살렘과 온 유대와 사마리아와 땅 끝까지 이르러 증인 된 삶을 살게 된다고 말씀하셨습니다. 그렇다면 여러분이 전 세계의 선교지로 모두 가야 하는 것일까요? 우리가 모두 세계에 복음을 전하기 위한 선교사가 될 수 있다면 좋겠지만, 그보다 앞서 우리 삶의 현장이 선교지라는 사실을 먼저 인식해야 합니다. 그러므로 자기 자신의 삶의 현장에 먼저 하나님의 나라가 임하게 해달라고 기도해야 합니다. 이를 통해 자신의 삶의 현장부터 영적 역동을 일으키는 현장 변화의 주도자가 되어야 할 것입니다.

하나님의 뜻

나라가 임하시오며 뜻이 하늘에서 이루어진 것 같이 땅에서도 이루어지이다
_ 마태복음 6:10

"뜻이 하늘에서 이루어진 것 같이 땅에서도 이루어지이다"라는 부분은 예

수님께서 말씀하신 기도의 원리인 동시에 성경적 기도가 무엇인지 본질적으로 보여주는 말씀입니다. 기도라는 것은 우리의 뜻과 계획을 먼저 구하는 것이 아니라 하나님의 뜻과 계획에 방향을 맞추는 것에 최고 우선순위가 있음을 볼 수 있습니다. 이는 다시 말해 뜻이 이미 하늘에서 다 계획되었으니까 그것을 제대로 찾아 기도하라는 말입니다. 즉 올바른 기도제목을 잡으라는 것을 의미합니다.

여기서 뜻이라는 말은 헬라어로 '델레마'라고 하는데 '하나님이 원하시는 것, 하나님이 소원하시는 것, 하나님이 기뻐하시는 것'을 의미합니다. 로마서 12장 2절을 보면 "너희는 이 세대를 본받지 말고 오직 마음을 새롭게 함으로 변화를 받아 하나님의 선하시고 기뻐하시고 온전하신 뜻이 무엇인지 분별하도록 하라"라고 말씀하셨습니다. 그것이 무엇입니까? 바로 인간을 구원하시기 위한 계획입니다. 예수님께서도 요한복음 6장 38~39절에서 "내가 하늘에서 내려온 것은 내 뜻을 행하려 함이 아니요 나를 보내신 이의 뜻을 행하려 함이니라 나를 보내신 이의 뜻은 내게 주신 자 중에 내가 하나도 잃어버리지 아니하고 마지막 날에 다시 살리는 이것이니라"라며, 하나님의 뜻을 이루기 위해 이 땅에 오셨고 그것이 바로 영혼을 구원하는 것임을 분명히 밝히셨습니다.

지금 현장에는 답이 없습니다. 거짓의 아비 마귀에게 속아 거짓 속에 있습니다. 어떤 것이 참 진리인지 알지 못하고 유리방황하고 있는 것입니다. 길이 보이지 않는 현장입니다. 결과적으로 사탄 종노릇하는 삶을 살고 있는 것입니다. 이들에게 참된 생명을 주고 정확한 답을 주는 자리로 나가는 삶이 우리의 기도제목이 되어야 합니다. 우리의 삶은 생명 살리는 언약의 여정이 되어, 정확한 언약을 붙잡고 매일매일의 삶 속에 적용해야 합니다. 그 바탕이 언약 기도이고 그 가운데 참된 누림이 있고 성취가 있는 것입니다.

심리학 용어에 보면 '싱크로니 경향'이라는 말이 있습니다. 어머니와 아직 철이 안 든 유아 사이에 있어서 유아가 어머니의 동작이나 자세 및 감정의 표현에 영향을 받는 경향이 있다는 것에서 나온 말입니다. 쉽게 말해서 서로 좋아하는 사람끼리는 닮아간다는 말입니다. 부부가 닮아가고 친구끼리 어투가 비슷해지고 자매끼리 이상형이 비슷해지는 것도 싱크로니 현상입니다. 우리의 삶에 이런 영적 싱크로니 경향이 있어야 합니다. 여러분이 정말 예수님을 좋아하고 사랑하면 예수님을 닮아가게 되어 있습니다. 그 통로가 기도이며 기도를 통해 하나님의 뜻과 계획에 완전히 방향 맞출 때 영적 싱크로니 경향이 생기는 것입니다. 이를 통해 여러분이 생명 살리는 하나님의 뜻이 이 땅에서 이루어지는 데 사실적으로 쓰임 받게 되시기를 바랍니다.

🍃 하나님께서 쓰시는 기도의 사람

하나님의 이름이 거룩히 여김을 받으며 하나님의 나라가 임하게 하여 달라는 기도, 하나님의 뜻이 하늘에서 이루어진 것같이 이 땅에서도 이루어지게 해 달라는 기도, 이것이 모두 무엇을 강조하고 있습니까? 하나님의 나라 확장에 모든 초점이 맞추어져 있다는 사실을 보아야 합니다. 그래서 오직 그리스도로 결론이 나고, 오직 성령 충만으로 힘을 얻어야 합니다. 이런 영적 파워를 가지게 하는 발판, 플랫폼이 바로 기도입니다.

기도의 성자 E. M. 바운즈는 "오늘날 교회가 필요로 하는 것은 새로운 조직도 아니요 기발한 방법도 아니다. 교회가 필요로 하는 것은 성령이 쓰실 수 있는 사람 즉 기도의 사람이다."라는 말을 했습니다. 이 말은 깊이 생각하면 할수록 우리에게 기도의 중요성뿐만 아니라 우리가 정말 기도의 사람이 되어야 한다는 사실을 강조합니다. 하나님이 쓰시는 사람은 하나님의 뜻과 계획에 방향을 맞춘 기도의 사람입니다. 사도행전에 기록된 초대교회의 놀라운 역사도 바로 이런 기도의 사람, 성령의 사람을 통해 일어난 것입니다. 모든 독자 여러분이 예수님께서 가르쳐주신 성경적 기도 원리를 따라 어떤 상황 속에서도 하나님의 뜻과 계획을 이루며 하나님 나라를 확장해 나가는 성령의 사람이 되시길 주님의 이름으로 축원합니다.

성경적 기도 원리③

9그러므로 너희는 이렇게 기도하라 하늘에 계신 우리 아버지여 이름이 거룩히 여김을 받으시오며 10나라가 임하시오며 뜻이 하늘에서 이루어진 것 같이 땅에서도 이루어지이다 11오늘 우리에게 일용할 양식을 주시옵고 12우리가 우리에게 죄 지은 자를 사하여 준 것 같이 우리 죄를 사하여 주시옵고 13우리를 시험에 들게 하지 마시옵고 다만 악에서 구하시옵소서 (나라와 권세와 영광이 아버지께 영원히 있사옵나이다 아멘) 14너희가 사람의 잘못을 용서하면 너희 하늘 아버지께서도 너희 잘못을 용서하시려니와 15너희가 사람의 잘못을 용서하지 아니하면 너희 아버지께서도 너희 잘못을 용서하지 아니하시리라

마태복음 6: 9~15

🍃 영적인 힘을 주는 기도

예수님께서는 마태복음 6장에서 기도에 대한 새 틀을 말씀하셨습니다. 신앙생활을 하면서 가장 오해가 많은 것이 기도이므로 기도에 대해 성경적인 정리를 해주신 것입니다. "천국이란 무릎으로 전진하는 나라다."라는 말

이 있습니다. 우리가 예수 그리스도를 믿음으로써 하나님의 자녀가 된 순간 영원한 천국에서의 삶이 보장됩니다. 그런데 곧바로 천국에 입성하는 것이 아니라 이 땅에서 삶을 살다가 입성을 합니다. 우리에게 주어진 사명이 있기에 개인차는 있지만, 일정 기간 이 땅에 살게 되는 것입니다. 기도는 특히 이 땅에서 남은 인생을 살면서 하늘의 풍성한 축복을 누리기 위해 중요한 것입니다.

창세기 3장 사건 이후로 이 땅에는 여전히 사탄이 왕 노릇하고 있습니다. 사탄은 예수 그리스도의 재림 때 완전히 무저갱에 갇히게 되지만, 그전까지는 계속해서 활동하는 영적 존재입니다. 그런데 육신을 가지고 있는 우리가 눈에 보이지 않는 영적 대적자와 어떻게 싸울 수 있을까요? 그 방법은 언약 붙잡은 기도밖에 없습니다. 기도를 통해 영적인 힘을 얻고 우리에게 주어진 신분과 권세를 사용하는 것입니다. 예수 그리스도 그 이름의 권세를 사용할 때 악한 마귀가 벌벌 떨고 한 길로 왔다가 일곱 길로 도망가게 됩니다. 기도는 우리 자신을 변화시킬 뿐만 아니라 현장을 변화시키는 동력이 된다는 사실을 기억하시기 바랍니다.

🍃 삶의 활력을 위한 기도

오늘 우리에게 일용할 양식을 주시옵고 _마태복음 6:11

앞의 「성경적 기도 원리①」을 통해 예수님께서는 세상 종교와 차원이 다른 영적 본질을 붙잡는 언약 기도를 해야 한다는 것을 먼저 가르쳐 주셨습니다. 그리고 「성경적 기도 원리②」에서는 기도의 유일한 대상과 기도의 핵심 목적이 무엇인지에 대해 말씀하셨습니다. 전지전능하신 창조주 하나님이 우리의 유일한 기도의 대상이며 그분이 우리 아버지가 되시기 때문에 아빠 아버지라 부르며 은혜의 보좌 앞으로 담대히 나갈 수가 있는 것입니다. 그리고 하나님을 아버지로 부르며 기도할 수 있는 특권을 가진 하나님의 자녀가 제일 먼저 기도해야 할 제목이 하나님 나라가 임하고 하나님의 뜻이 이루어지는 기도라고 강조하셨습니다. 하나님이 가장 원하시고 기뻐하시는 것이 바로 예수 그리스도의 십자가 대속과 부활의 복음을 통해 하나님 나라가 확장되는 것에 있기 때문입니다. 이것을 신학적으로 표현하면 구속사 성취라고 하고, 우리의 최고 행복은 이런 구속사 성취의 도구로 쓰임 받는 것입니다.

그런데 여기까지만 보고 나서, 어떤 이들은 "우리에게 너무 일방적으로 하나님과 하나님 나라에 관련된 기도만 요구하시는 것이 아니냐"고 오해하기도 합니다. 하지만 예수님께서는 하나님 나라의 일을 먼저 구한 후에는 이 땅의 삶에 대해서도 간구할 것을 말씀하셨습니다. 하나님의 자녀 된 우리에게 영육간 삶의 활력을 위한 기도도 하라고 가르치신 것입니다.

그 첫째가 일용할 양식을 위한 기도입니다. 일용할 양식을 위해 기도하라는 것에는 이 땅에서의 삶에 대해서도 걱정하지 말라는 의미가 담겨 있습니다. 전지전능하신 하나님이 우리의 필요와 우리의 쓸 것을 모르시는 분이 아니시므로 하나님께서 우리를 책임지신다는 것입니다. 마태복음 6장 8절을 보면 "구하기 전에 너희에게 있어야 할 것을 하나님 너희 아버지께서 아시느니라"라고 되어 있으며, 빌립보서 4장 6절에는 "아무 것도 염려하지 말고 다만 모든 일에 기도와 간구로, 너희 구할 것을 감사함으로 하나님께 아뢰라"라고 나옵니다. 이어서 빌립보서 4장 19절에는 "나의 하나님이 그리스도 예수 안에서 영광 가운데 그 풍성한 대로 너희 모든 쓸 것을 채우시리라"라고 되어 있습니다. 하나님의 절대 주권에 대한 확실한 믿음을 가지고 살아가야 한다는 것입니다.

 이 '일용할 양식'에는 특별한 의미가 있습니다. 한 달 분 양식이나 일 년 분 양식이 아니라 '일용할 양식'이라고 한 까닭이 무엇일까요? '일용할'이라는 말은 헬라어로 '에피우시온'인데 이는 '꼭 필요로 하는 것'을 가리킵니다. 다시 말해서 인간적인 욕심으로 물질을 구하지 말라는 것입니다. 사실 인간의 욕심은 한도 끝도 없어서 수백 수천억 원을 가지고 있는 사람도 만족함을 모르게 마련입니다. 창세기 3장의 자기중심, 창세기 6장의 물질 중심, 창세기 11장의 세상 성공 중심의 옛 틀에 갇히면, 조금만 더 조금만 더 하다가 결국 바벨탑 인생을 살게 됩니다.

우리는 하나님께서 우리 삶을 분명히 책임져 주심을 믿으시기 바랍니다. 아무것도 염려하지 말고 오늘의 것, 지금의 것에 최선을 다하면 되는 것입니다. 영적으로 볼 때 이 "일용할 양식을 구하라"는 말 속에는 날마다 기도하게 하시는 하나님의 뜻이 담겨 있습니다. 하루의 삶을 사는 동안 정시, 무시로 하나님과 영적 교제를 나누며 인도받으라는 것입니다. 우리는 24시간 기도의 삶을 살며 영원의 응답을 체험해야 할 것입니다.

> 우리가 우리에게 죄 지은 자를 사하여 준 것 같이 우리 죄를 사하여 주시옵고
> _ 마태복음 6:12

예수님께서는 우리가 이 땅에서 활력이 넘치는 삶을 살기 위해 놓치지 말아야 할 부분이 바로 사죄의 축복을 누리는 것이라고 말씀하고 계십니다. 사탄은 어떻게 해서든 영적으로 생명력 넘치는 삶을 살지 못하도록 공격하는데 그 핵심 공격 루트가 바로 정죄 의식을 심어주는 것입니다. 이렇게 되면 계속 움츠러들게 되어 한 발자국도 앞으로 나가지 못합니다. 그래서 예수님께서 이런 정죄 의식에서 완전 자유함을 누리라고 하신 것입니다. 예수님께서 갈보리 산 위에서 깨끗하게 해결하셨기 때문에 우리는 더 이상 죄에 잡혀 있을 이유가 없습니다.

사도 바울도 로마서 8장 1~2절에 이 영적 사실을 가슴 벅차게 고백했습니다. "그러므로 이제 그리스도 예수 안에 있는 자에게는 결코 정죄함이 없

나니 이는 그리스도 예수 안에 있는 생명의 성령의 법이 죄와 사망의 법에서 너를 해방하였음이라" 지금 해방하고 있는 것이 아닙니다. 앞으로 해방될 것도 아닙니다. 완전히 해방되었다는 것입니다. 죄로부터 법적으로 완벽히 자유롭게 된 것입니다. 이 사죄의 축복을 사실적으로 누려야 합니다. 그런데 예수님께서는 여기에서 한 걸음 더 나아가 우리가 받은 사죄의 축복이 다른 사람과의 관계에까지 이어져야 한다는 것을 강조하셨습니다.

> 우리가 우리에게 죄 지은 자를 사하여 준 것 같이 우리 죄를 사하여 주시옵고
> _ 마태복음 6:12

이 부분은 주기도문에서 해석하기가 쉽지 않은 부분입니다. 이를 두고 "내가 다른 사람을 용서했으니, 하나님도 내 죄를 용서해 주십시오."라고 요구하는 식으로 받아들여서는 안 됩니다. 예수님께서 말씀하신 의도는 우리가 하나님으로부터 사죄의 은총을 받은 자이므로 다른 사람을 용서하는 삶의 자리로 나아가야 한다는 것입니다. 그런데 우리가 살다 보면 이것이 말처럼 쉽지 않습니다. 그래서 예수님께서는 주기도문 중에서 이 부분에 대해서만 유독 부연 설명을 해놓으셨습니다.

> 너희가 사람의 잘못을 용서하면 너희 하늘 아버지께서도 너희 잘못을 용서하시려니와 너희가 사람의 잘못을 용서하지 아니하면 너희 아버지께서도 너희 잘못을 용서하지 아니하시리라 _ 마태복음 6:14~15

이 말씀의 핵심은 이 땅에서 활력이 넘치는 삶, 즉 하나님께서 주신 참 자유함과 참 평안과 참 기쁨의 생활을 누리느냐 못 누리느냐가 용서의 삶에 달려 있다는 것입니다. 여러분이 복음이 주는 축복을 누리느냐 누리지 못하느냐는, 용서의 삶을 사느냐 못 사느냐에 달려 있다고 해도 과언이 아닙니다.

용서의 삶을 살 때 자신도 살고 상대방도 살게 되어 있습니다. "용서는 잃는 것은 하나도 없고, 모든 것을 얻게 한다."라는 말이 있습니다. 용서 속에 Oneness의 축복이 임하게 됩니다. 기도할 때마다 여러분에게 임한 사죄의 축복을 누리며 다른 사람과의 관계도 참 복음적 관계로 회복되는 증거가 있게 되기를 바랍니다.

🍃 승리 생활을 위한 기도

우리를 시험에 들게 하지 마시옵고 다만 악에서 구하시옵소서 (나라와 권세와 영광이 아버지께 영원히 있사옵나이다 아멘) _ 마태복음 6:13

예수님께서는 우리가 기도할 때 시험에 들지 않도록, 악과의 영적 싸움에서 승리할 수 있도록 기도하라고 말씀하셨습니다. 이 부분은 우리가 예수 그리스도를 믿고 하나님의 자녀가 된 이후에도 시험에 직면해야 한다는 사실을 보여줍니다. 앞에서 말하는 시험은 우리의 믿음을 성장시키기 위해 하나님께서 주시는 테스트 개념의 시험이 아니라 우리를 파괴하기 위해 사탄이 주는 유혹을 가리킵니다. 그래서 예수님께서는 "우리를 시험에 들게 하지 마옵시고 다만 악에서 구하시옵소서"라고 기도하라고 말씀하신 것입니다. 다시 말해서, 악의 실체인 사탄 마귀와의 싸움에서 우리의 힘과 능력으로는 이길 수 없으니까 그 힘을 달라고 기도하라는 것입니다.

베드로전서 5장 8절을 보면 "근신하라 깨어라 너희 대적 마귀가 우는 사자 같이 두루 다니며 삼킬 자를 찾나니"라고 대적자 마귀를 분명히 밝히고 있습니다. 그리고 야고보서 4장 7절에는 "마귀를 대적하라 그리하면 너희를 피하리라"라며 이런 마귀를 피하는 것이 아니라 실제로 대적을 해야 한다고 강조했습니다. 기도로 영적 싸움을 하라는 것입니다. 이는 우리의 힘이 아니라 우리 안에 계신 예수 그리스도의 능력을 사용하라는 것을 말합니다. 그러면 흑암이 꺾이게 되어 있습니다. 이것은 우리에게 주어진 영적 특권입니다.

하나님을 믿는다고 하면서도 많은 사람들이 하나님을 자신의 틀에 가두어 놓는 어리석음을 보입니다. 우리는 정확하게 성경적으로 하나님을 바라보아야 합니다. 우리는 전지전능하시고 무소부재하신 창조주 하나님을 아버지로 모시고 사는 사람들입니다. 우리에게는 하나님의 스케일을 체험할 수 있는 놀라운 신분과 권세가 있습니다. 이런 영적 권세를 삶의 현장에서 실제로 사용하며 참된 승리자의 삶을 사시기를 바랍니다.

🍃 그리스도 중심의 기도

예수님께서 가르쳐 주신 기도는 하나님께 영광을 돌려 드리는 것으로 끝이 납니다. "나라와 권세와 영광이 아버지께 영원히 있사옵나이다 아멘"이라는 이 말씀의 핵심이 무엇입니까? 우리의 기도는 하나님의 나라가 임하는 기도가 되어야 하고 우리의 삶이 하나님 나라 확장에 맞추어져 있어야한다는 것입니다. 그리고 하나님께서 예수 그리스도를 통해 주신 권세로 이런 삶을 살 수 있다는 것이고 그것이 결과적으로 하나님께 영광을 올려드리는 삶이라는 것입니다.

호주 출신의 신학 교수인 데이비드 팀스는 "하나님의 나라가 임하게 해 달라는 기도를 뒤집으면 내 나라가 끝나게 하옵소서라는 기도가 된다."라고 말했습니다. 기도가 창세기 3, 6, 11장의 나 중심이 아니라 사도행전 1장 1, 3, 8절의 그리스도 중심으로 결론이 나야 한다는 것입니다. 독자 여러분이 이런 그리스도 중심의 기도, 하나님 나라 확장에 초점 맞춘 기도를 통해 하나님께 최고 영광을 올려드리는 성경적 기도자가 되시길 주님의 이름으로 축원합니다.

주기도문

하늘에 계신 우리 아버지여, 이름이 거룩히 여김을 받으시오며,

나라이 임하옵시며, 뜻이 하늘에서 이룬 것 같이 땅에서도 이루어지이다.

오늘날 우리에게 일용할 양식을 주옵시고, 우리가 우리에게 죄 지은 자를 사하여

준 것 같이 우리 죄를 사하여 주옵시고, 우리를 시험에 들게 하지 마옵시고,

다만 악에서 구하옵소서. 대개 나라와 권세와 영광이 아버지께

영원히 있사옵나이다. 아멘.

신앙고백

1. 전능하신 창조주 하나님 (창세기 17:1)

2. 구세주 예수 그리스도 (요한복음 5:24)

3. 역사하시는 성령 (요한복음 14:26)

4. 서로 교통하는 교회 (에베소서 2:20~22)

전능하신 창조주 하나님

아브람이 구십구 세 때에 여호와께서 아브람에게 나타나서
그에게 이르시되 나는 전능한 하나님이라 너는 내 앞에서 행하여
완전하라
창세기 17:1

🍃 나의 신앙고백

여러분, 전능하신 하나님에 대해 '나의 신앙고백'을 해보시기 바랍니다. 다른 사람의 신앙고백도 중요하지만 '나'의 신앙고백이 가장 중요합니다. 하나님께서는 다 알고 계십니다. '나의 신앙고백'이라는 이 말에는 중요한 단어 세 가지가 들어 있습니다. 바로 '나', '신앙', '고백'입니다.

'나'는 어떤 의미를 가지고 있을까요? 모든 것을 자기 자신에게 적용해야 한다는 뜻입니다. 하나님께서는 그 누구도 아닌 '나'에게 말씀하고 계십니

다. 세상에 수많은 사람이 있지만 하나님께서는 '나'에게 말씀하고 계신다는 사실을 알아야 합니다.

'신앙'이란 무엇입니까? 바로 믿음입니다. 하나님 말씀을 믿는 믿음이 중요합니다. 하나님 말씀은 눈에 보이지 않습니다. 하나님께서는 영이시기 때문에 오직 믿음의 눈으로만 볼 수 있습니다. 나의 신앙은 믿음입니다.

'고백'은 어떤 뜻을 담고 있을까요? 체험입니다. 체험이 있어야만 고백할 수 있습니다. 하나님께서 살아계신다는 체험을 한 사람이 신앙고백을 할 수 있는 것입니다. 체험이 있는 사람은 결코 흔들리지 않습니다. 하나님께서 함께하신다는 체험을 한 사람은 신앙이 계속해서 성장합니다.

'나', '신앙', '고백'을 통해 영적 성장이 이루어지는 것입니다.

🍃 전능하신 하나님 아버지

여호와여 위대하심과 권능과 영광과 승리와 위엄이 다 주께 속하였사오니 천지에 있는 것이 다 주의 것이로소이다 여호와여 주권도 주께 속하였사오니 주는 높으사 만물의 머리이심이니이다 부와 귀가 주께로 말미암고 또 주는 만물의 주재가 되사 손에 권세와 능력이 있사오니 모든 사람을 크게 하심과 강하게 하심이 주의 손에 있나이다 _ 역대상 29:11~12

여호와의 말씀이니라 이스라엘 족속아 이 토기장이가 하는 것 같이 내가 능히 너희에게 행하지 못하겠느냐 이스라엘 족속아 진흙이 토기장이의 손에 있음 같이 너희가 내 손에 있느니라 _ 예레미야 18:6

앞의 두 성경 말씀은 하나님께서 '절대주권자'이시라는 고백입니다. 진흙의 운명은 토기장이의 손에 달렸습니다. 토기장이가 진흙을 어떻게 다루느냐에 따라 무엇이 될지 정해진다는 것입니다.

우리의 운명도 하나님 손에 달려 있습니다. 그래서 기도하고, 예배드리고, 교회에 다니는 것입니다. 사람들이 제아무리 각자의 성공 목표를 정해 놓고 기를 쓰고 달려가봐야 결국에는 부질없는 삶이 될 뿐입니다. 자신의 모든 것을 내려놓고 인생을 드리면 전지전능하신 하나님께서 삶의 모든 부분을 책임져 주십니다.

아브람이 구십구 세 때에 여호와께서 아브람에게 나타나서 그에게 이르시되 나는 전능한 하나님이라 너는 내 앞에서 행하여 완전하라 _ 창세기 17:1

아브라함에게 나타나신 하나님께서 '나는 전능한 하나님'이라고 말씀하고 계십니다. 우리는 이 전능한 하나님을 아버지라고 부르는 하나님의 축복된 자녀입니다. 그러니 언약대로, 말씀대로 하나님을 믿기만 하면 됩니다. 그러면 하나님의 영광을 보게 되는 것입니다.

아브라함은 저 말씀의 시간 이후 더욱 분명한 확신을 갖게 되었고 마침내 거대한 믿음의 결단을 하게 됩니다. 아들 이삭을 바치라는 하나님 명령에 "죽여도 살릴 줄로 믿었더라."라며 순종했습니다. 이로 말미암아 아브라함은 믿음의 조상이 되었고, 아들 이삭은 축복의 자녀가 된 것입니다. 이것은 모두 전능하신 하나님을 체험했기에 가능한 일입니다.

영접하는 자 곧 그 이름을 믿는 자들에게는 하나님의 자녀가 되는 권세를 주셨으니 _ 요한복음 1:12

너희는 다시 무서워하는 종의 영을 받지 아니하고 양자의 영을 받았으므로 우리가 아빠 아버지라고 부르짖느니라 성령이 친히 우리의 영과 더불어 우리가 하나님의 자녀인 것을 증언하시나니 _ 로마서 8:15~16

우리는 하나님을 아빠, 아버지라고 부를 수 있는 특혜를 얻었습니다. 영적인 삶이란 이런 은혜 의식을 갖고 신앙생활을 해 나가는 것입니다.

너희 중에 누가 아들이 떡을 달라 하는데 돌을 주며 생선을 달라 하는데 뱀을 줄 사람이 있겠느냐 너희가 악한 자라도 좋은 것으로 자식에게 줄 줄 알거든 하물며 하늘에 계신 너희 아버지께서 구하는 자에게 좋은 것으로 주시지 않겠느냐 _ 마태복음 7:9~11

전능하신 하나님 아버지께 믿음으로 구하시기 바랍니다. 하나님 아버지를 부를 때 하나님께서 역사하시고 우리의 삶을 세밀하게 간섭하십니다. 하나님께서 우리의 삶에 어떻게 역사하시는지 체험하시기 바랍니다.

🍃 창조주 하나님 아버지

> 태초에 하나님이 천지를 창조하시니라 _ 창세기 1:1

하나님은 창조주이십니다. 그러므로 근원적 믿음의 대상입니다.

> 믿음으로 모든 세계가 하나님의 말씀으로 지어진 줄을 우리가 아나니 보이는 것은 나타난 것으로 말미암아 된 것이 아니니라 _ 히브리서 11:3

보이는 것은 보이지 않는 것에서 시작됩니다. 믿음의 시작은 창조주가 계신다는 것을 믿는 바탕에서 출발합니다. 여기에 대한 확신이 없으면 신앙이 자라지 않습니다.

> 하나님이 자기 형상 곧 하나님의 형상대로 사람을 창조하시되 남자와 여자를 창조하시고 _ 창세기 1:27

앞의 성경 말씀은 우리의 신분을 이야기하고 있습니다. 인간만이 유일하게 하나님 형상대로 창조되었습니다. 하나님을 아버지라고 부르는 유일한 존재가 바로 우리입니다.

하나님이 그들에게 복을 주시며 하나님이 그들에게 이르시되 생육하고 번성하여
땅에 충만하라, 땅을 정복하라, 바다의 물고기와 하늘의 새와 땅에 움직이는 모든
생물을 다스리라 하시니라 _ 창세기 1:28

번성하고, 충만하라는 것은 우리의 권세를 나타냅니다. 하나님께서 우리에
게 이처럼 신분과 권세를 허락하셨습니다. 이를 통해 우리는 세상을 정복하
고 하나님을 영화롭게 하는 것입니다.

🍃 하나님의 기적 같은 사랑

도레미파솔라시도라는 이 계이름은 약 1,000년 전 이탈리아의 음악이론
가이자 성가대 지휘자였던 귀도 다레초에 의해 만들어졌습니다. 그런데 이
계이름에는 하나님을 찬양하는 의미가 담겨져 있습니다.

도:Dominus 처음이신 하나님

레:Resonare 하나님의 음성

미:Mira gestorum 하나님의 기적

파:Familituorum 하나님의 가족

솔:Solvepolluti 구원, 하나님의 사랑

라:Lavii 하나님의 사도들

시:Sancteloannets 성자 요한

도:Dominus 나중 되신 하나님

  도로 시작해서 도로 끝나는 이 음계는 알파요 오메가, 처음이자 나중 되신 하나님을 나타내는 것입니다. 이 음계에서 가장 많이 사용되는 화음이 도미솔입니다. 영적으로 해석하자면 '하나님의 기적 같은 사랑'이라고 할 수 있습니다. 우리는 그 사랑이 임한 존재입니다. 모든 독자 여러분이 전능하신 하나님의 놀라운 사랑을 체험하게 되시기를 주님의 이름으로 축원합니다.

구세주 예수 그리스도

내가 진실로 진실로 너희에게 이르노니 내 말을 듣고 또 나 보내신
이를 믿는 자는 영생을 얻었고 심판에 이르지 아니하나니 사망에서
생명으로 옮겼느니라
요한복음 5:24

🌿 예수 그리스도의 유일성

사도신경을 보면, "그 외아들 우리 주 예수 그리스도를 믿사오니"라는 부분이 있습니다. 여기서 '외아들'이 언급된 까닭이 무엇일까요? 예수 그리스도만이 하나님을 알게 하시기 때문입니다. 이는 예수 그리스도의 유일성을 나타냅니다.

예수께서 이르시되 내가 곧 길이요 진리요 생명이니 나로 말미암지 않고는 아버지께로 올 자가 없느니라 _ 요한복음 14:6

다른 이로써는 구원을 받을 수 없나니 천하 사람 중에 구원을 받을 만한 다른 이름을 우리에게 주신 일이 없음이라 하였더라 _ 사도행전 4:12

예수 그리스도만이 우리 인생의 모든 문제의 해결자입니다. 왜 예수님밖에 없을까요? 예수님이 곧 하나님이시기 때문입니다.

🍃 이 땅에 오신 예수 그리스도

예수님께서 왜 이 땅에 오셨을까요? 바로 언약을 성취하기 위함입니다. 이는 창세전부터 이미 계획된 것으로 마침내 그 시간표가 되자 인간의 몸을 입고 이 땅에 오셨습니다.

내가 너로 여자와 원수가 되게 하고 네 후손도 여자의 후손과 원수가 되게 하리니 여자의 후손은 네 머리를 상하게 할 것이요 너는 그의 발꿈치를 상하게 할 것이니라 하시고 _ 창세기 3:15

그러므로 주께서 친히 징조를 너희에게 주실 것이라 보라 처녀가 잉태하여 아들을 낳을 것이요 그의 이름을 임마누엘이라 하리라 _ 이사야 7:14

구원자로 오실 예수님의 탄생은 이미 성경 속에 예언되어 있었습니다. 그리고 그 예언은 정확하게 완성됐습니다. 예수님께서 이 땅에 오신 것은 하나님께서 인간을 살리기 위해 육신의 옷을 입고 오신 것입니다. 이것을 가리켜 성육신이라고 합니다. 사도신경을 보면 "성령으로 잉태하사 동정녀 마리아에게 나시고"라는 부분이 있습니다. 이는 예수님께서 신성과 인성을 동시에 갖고 계심을 나타냅니다.

예수님께서 이렇게 성육신을 하신 까닭이 있습니다. 십자가에서 인간의 죄를 대속하시기 위해서입니다. 사도신경을 보면, "본디오 빌라도에게 고난을 받으사 십자가에 못 박혀 죽으시고"라고 나옵니다. 예수님께서는 자기의 목숨을 대속물로 주시기 위해 오셨습니다. 우리가 지은 죄 그리고 미래에 지을 죄 이 모든 죄 때문에 예수님께서 우리를 대신해 죽으셨습니다. 예수님께서 우리에게 베푸신 이 은혜를 우리가 결코 놓쳐서는 안 됩니다.

이렇게 우리의 죄를 대신하여 죽으신 예수님께서 어떻게 되었습니까? 사도신경을 보면, "장사한 지 사흘 만에 죽은 자 가운데서 다시 살아나시며"라고 나옵니다. 십자가에서 죽는 것으로 끝난 것이 아니었습니다. 예수님께서는 사흘 만에 다시 부활하셨습니다.

기독교의 핵심은 부활입니다. 어느 종교에도 부활은 없습니다. 그렇다면 십자가와 부활은 무엇을 의미하는 것일까요? 그것은 세상을 이긴 증거입니다. 그 어떤 죄도 십자가와 부활 앞에서는 무력화됩니다. 우리가 지은 죄와 모든 고통을 이길 힘이 그 속에 있습니다. 많은 기독교인이 박해와 핍박 속에서 순교하며 신앙의 정절을 지킨 덕에 우리가 지금 교회에서 신앙생활을 해 나갈 수 있습니다. 그들이 고난 속에서 죽어가면서도 신앙을 지킬 수 있었던 힘이 어디에서 나왔을까요? 바로 부활 신앙입니다. 부활은 그 어떤 고난도 이길 힘을 주는 것입니다.

사도신경에는 "하늘에 오르사 전능하신 하나님 우편에 앉아계시다가"라는 부분이 나옵니다. 부활하고 승천하셨다는 것은 예수님의 현재 사역을 가리킵니다.

> 그런즉 이 일에 대하여 우리가 무슨 말 하리요 만일 하나님이 우리를 위하시면 누가 우리를 대적하리요 자기 아들을 아끼지 아니하시고 우리 모든 사람을 위하여 내주신 이가 어찌 그 아들과 함께 모든 것을 우리에게 주시지 아니하겠느냐 누가 능히 하나님께서 택하신 자들을 고발하리요 의롭다 하신 이는 하나님이시니 누가 정죄하리요 죽으실 뿐 아니라 다시 살아나신 이는 그리스도 예수시니 그는 하나님 우편에 계신 자요 우리를 위하여 간구하시는 자시니라 _ 로마서 8:31~34

하나님 우편에 앉아 계신 예수님께서 우리를 위해 간구하고 계십니다. 한 사람 한 사람을 세밀하게 지켜보며 기도하고 계신 것입니다. 이 예수 그리스도가 우리 삶의 배경입니다. 마태복음 28장 20절을 보면, 세상 끝날까지 우리와 함께하신다고 말씀하고 계십니다.

예수님께서 다 이루셨다고 말씀하셨습니다. 그러니 우리는 죄에서 해방 된
감격을 누리며 당당히 신앙생활을 하면 됩니다.

🍃 다시 오실 예수 그리스도

사도신경을 보면, "저리로서 산 자와 죽은 자를 심판하러 오시리라"라고 되
어 있습니다. 예수님께서는 심판주로서 이 땅에 다시 오십니다.

성경이 이렇게 심판에 대해 언급하고 있습니다. 그러니 우리는 언제 오실
지 모르는 예수님의 재림을 준비하며 영적으로 깨어 있어야 하는 것입니다.

그렇다면 영적으로 깨어 있는 이들에게는 예수님께서 재림하실 때 어떻
게 될까요?

> 내가 진실로 진실로 너희에게 이르노니 내 말을 듣고 또 나 보내신 이를 믿는 자는 영생을 얻었고 심판에 이르지 아니하나니 사망에서 생명으로 옮겼느니라 _ 요한복음 5:24

믿는 자에게 임하는 것은 상급입니다. 영생이 상급으로 주어지는 것입니다. 예수님께서는 믿는 우리들에게 상을 주시기 위해 이 땅에 다시 오신다는 사실을 믿으시기 바랍니다.

🌿 살아 계신 하나님의 아들

> 시몬 베드로가 대답하여 이르되 주는 그리스도시요 살아 계신 하나님의 아들이시니이다 _ 마태복음 16:16

교회사를 연구하는 학자들은 베드로의 이 고백으로부터 출발하여 사도신경이 완성되었다고 보고 있습니다. 이 고백이 우리의 신앙고백이 되어야 합니다. 여기에 더불어 하나님 만나는 길을 여신 참 선지자 예수 그리스도, 모든 죄 문제를 해결하신 참 제사장 예수 그리스도, 마귀의 일을 멸하신 참 왕 예수 그리스도를 분명히 깨달아야 합니다. 모든 독자 여러분이 이를 통해 구세주 예수 그리스도를 누리며 참 감사와 기쁨의 신앙생활을 하게 되시기를 주님의 이름으로 축원합니다.

역사하시는 성령

보혜사 곧 아버지께서 내 이름으로 보내실 성령 그가 너희에게 모든 것
을 가르치고 내가 너희에게 말한 모든 것을 생각나게 하리라
요한복음 14:26

삼위일체 하나님

사도신경은 성부, 성자, 성령 하나님과 하나님의 교회에 대한 메시지를 담고 있습니다. 하나님께서는 성부, 성자, 성령이라는 삼위(三位) 즉 세 개의 근원적인 실체를 가지고 계십니다. 이 삼위는 일체이기 때문에 때로는 성부로, 때로는 성자로, 때로는 성령으로 역사하십니다. 이를 가리켜 삼위일체 하나님이라고 일컫습니다. 이 삼위일체 교리는 성령을 믿지 않고서는 받아들일 수 없습니다. 성령을 체험하고 믿는 자만이 깨닫게 됩니다.

주 예수 그리스도의 은혜와 하나님의 사랑과 성령의 교통하심이 너희 무리와 함께

있을지어다 _ 고린도후서 13:13

사도신경에서 성령에 대한 언급은 "성령을 믿사오며"라고 짧게 딱 한 번만 되어 있습니다. 아주 짧고 단순하게 언급하고 있지만 매우 강력한 말씀입니다. 성령을 체험하고 믿음으로 깨달은 사람은 형통한 삶을 살게 됩니다. 모든 것이 합력하여 선을 이루게 하는 것이 바로 성령 인도입니다.

성령 하나님의 실체

태초에 하나님이 천지를 창조하시니라 땅이 혼돈하고 공허하며 흑암이 깊음 위에 있고 하나님의 영은 수면 위에 운행하시니라 _ 창세기 1:1~2

주의 영을 보내어 그들을 창조하사 지면을 새롭게 하시나이다 _ 시편 104:30

하나님의 영, 즉 성령이 이 세상을 창조했습니다. 이 창조사역을 통해 우리는 성령 하나님의 실체를 발견해야 합니다. 그리고, 성령은 창조의 영인 동시에 진리의 영이기도 합니다.

그는 진리의 영이라 세상은 능히 그를 받지 못하나니 이는 그를 보지도 못하고 알지도 못함이라 그러나 너희는 그를 아나니 그는 너희와 함께 거하심이요 또 너희 속에 계시겠음이라 _ 요한복음 14:17

> 그러나 진리의 성령이 오시면 그가 너희를 모든 진리 가운데로 인도하시리니 그가 스스로 말하지 않고 오직 들은 것을 말하며 장래 일을 너희에게 알리시리라
> _ 요한복음 16:13

성령은 진리의 영이므로 우리로 하여금 길이요 진리인 예수 그리스도를 증언하게 만듭니다. 우리가 전도를 하고 선교를 하는 것은 성령이 하게 만드는 것입니다. 복음을 말할 때 그 사람은 성령의 사람입니다. 성령 인도를 받고 있는 것이기 때문입니다.

🍃 성령 하나님의 역사

네덜란드의 신학자 카이프는 "성령은 다양하게 활동한다. 그것은 정의하기 어려우며 인간의 이해를 뛰어넘어 신비롭게 역사한다."라고 말했습니다. 성령의 역사는 인간의 지식이나 상식으로는 규정할 수 없습니다. 어떤 시대에 역사하느냐, 누구에게 역사하느냐에 따라 달라지기 때문입니다. 하지만 다음을 통해 우리는 성령 하나님이 우리에게 어떤 축복과 은혜를 내려 주시는지에 대해 알아볼 수 있습니다.

> 예수께서 대답하시되 진실로 진실로 네게 이르노니 사람이 물과 성령으로 나지 아니하면 하나님의 나라에 들어갈 수 없느니라 _ 요한복음 3:5

성령은 생명의 수여자입니다. 우리에게 생명을 주시는 분입니다. 성령이 우리 안에 거하시는 이유는 구원의 확실성을 보여 주시기 위함입니다. 성령은 우리에게 우리가 받은 구원이 영원하고 완전한 것임을 알려 줍니다. 우리가 예수 그리스도를 믿음으로써 구원을 받고 하나님 자녀가 되면 성령이 우리 안에 거하게 됩니다. 그리고 한번 오신 성령은 결코 우리를 떠나지 않습니다. 우리 몸이 성전이 되는 것입니다. 이렇게 우리에게 역사하신 성령은 우리로 하여금 새로운 인생을 살게 합니다.

하나님의 영이 나를 지으셨고 전능자의 기운이 나를 살리시느니라 _ 욥기 33:4

성령은 생명을 주시는 분입니다. 모든 걸 치유하시고 회복시키시는 능력이 있습니다. 영국의 신학자 바레트는 이를 두고 "성령의 역사는 언제나 창조적 능력을 동반한다."라고 말했습니다. 창조의 능력을 가진 성령은 못할 것이 없다는 사실을 믿으시기 바랍니다.

보혜사 곧 아버지께서 내 이름으로 보내실 성령 그가 너희에게 모든 것을 가르치고 내가 너희에게 말한 모든 것을 생각나게 하리라 _ 요한복음 14:26

'보혜사(保惠師)'는 헬라어로 '파라클레토스'라고 하는데 여기에는 '옆에서 돕는 자'라는 뜻이 있습니다. 예수 그리스도를 믿는 순간 성령께서 보호자, 동반자로 우리와 함께하십니다.

> 주께서 사랑하시는 형제들아 우리가 항상 너희에 관하여 마땅히 하나님께 감사할
> 것은 하나님이 처음부터 너희를 택하사 성령의 거룩하게 하심과 진리를 믿음으로
> 구원을 받게 하심이니 _ 데살로니가후서 2:13

성령께서는 우리를 거듭나게 하시고, 거룩하게 만드십니다. 거룩한 영으로서 우리가 불신자와 구별된 삶을 살게 하십니다. 그러므로 우리가 말씀 속에서 성령으로 충만함을 받으면 성령의 열매를 맺게 되는 것입니다.

> 오직 성령의 열매는 사랑과 희락과 화평과 오래 참음과 자비와 양선과 충성과 온
> 유와 절제니 이같은 것을 금지할 법이 없느니라 _ 갈라디아서 5:22~23

사랑, 희락, 화평, 오래 참음, 자비, 양선, 충성, 온유, 절제라는 성령의 아홉 가지 열매를 맺으면 복음의 선한 영향력을 입히는 삶을 살게 됩니다. 그러면 비로소 성령 충만한 삶의 증인이 됩니다. 우리는 지금 성령의 시대를 살고 있습니다. 항상 삶 속에서 성령 충만을 구하고 그것을 삶 속에서 체험하시기를 바랍니다.

🍃 완벽하게 보장하시는 성령 하나님

성령의 임재를 느끼면 새롭게 되고, 치유를 받으며, 회복되고, 재창조됩니

다. 무식하고 겁쟁이였던 베드로가 성령이 임하자 목숨을 걸고 예수 그리스도를 증언하며 복음을 증거하는 담대한 사람이 되었습니다. 성령은 사람을 바꿉니다. 연약한 사람을 강하게 만들어 쓰십니다.

미 국방부에는 전쟁포로 실종자 확인국이라는 부서가 있습니다. 이곳의 표어가 "조국은 결코 당신을 잊지 않는다!"라고 합니다. 여러분은 하나님의 나라를 위해 얼마나 많은 헌신을 하고 있습니까? 하나님께서는 여러분의 조그만 수고와 헌신도 결코 잊지 않으십니다. 여러분의 모든 것을 치유하시고 완벽하게 보장해 주십니다. 이 믿음을 가지고 모든 독자 여러분이 성령으로 충만하여 하나님의 증인 된 삶을 살아가게 되시기를 주님의 이름으로 축원합니다.

서로 교통하는 교회

²⁰너희는 사도들과 선지자들의 터 위에 세우심을 입은 자라 그리스도 예
수께서 친히 모퉁잇돌이 되셨느니라 ²¹그의 안에서 건물마다 서로 연결
하여 주 안에서 성전이 되어 가고 ²²너희도 성령 안에서 하나님이 거하
실 처소가 되기 위하여 그리스도 예수 안에서 함께 지어져 가느니라

에베소서 2:20~22

🍃 신앙고백

사도신경은 초대교회로부터 오늘날에 이르기까지 교회에서 가장 보편적으
로 사용하는 신앙고백입니다. 기독교의 기본적인 진리를 요약한 내용으로
66권에 이르는 성경의 핵심적인 내용을 함축적으로 표현하고 있습니다. 하
나님, 예수 그리스도, 성령 등 기독교 신앙의 대표적 상징을 아우르고 있어,
그 자체로 신앙의 주요한 부분을 배우는 기준이 됩니다.

교회에서 이 사도신경을 통해 신앙을 고백하는 까닭이 무엇일까요? 초대

교회는 항상 핍박을 받았습니다. 그 핍박 속에서 믿음을 잃지 않기 위해 항상 신앙을 고백하기로 했고 그래서 사도신경을 만들었습니다. 우리도 이 믿음의 고백 위에서 신앙생활을 해 나감으로써 영적으로 늘 깨어 있는 삶을 살아가야 할 것입니다.

거룩한 공회

> 또 내가 네게 이르노니 너는 베드로라 내가 이 반석 위에 내 교회를 세우리니 음부의 권세가 이기지 못하리라 _ 마태복음 16:18

교회는 하나님의 주권적인 결정으로 시작됐습니다. 그러므로 교회는 하나님의 뜻과 계획이 성취되는 현장이라고 할 수 있습니다.

> 고린도에 있는 하나님의 교회 곧 그리스도 예수 안에서 거룩하여지고 성도라 부르심을 받은 자들과 또 각처에서 우리의 주 곧 그들과 우리의 주 되신 예수 그리스도의 이름을 부르는 모든 자들에게 _ 고린도전서 1:2

여러분은 만세 전에 택정받은 사람입니다. 우리의 시민권은 하늘에 있습니다. 세상에서 불러내어 따로 세운 사람인 것입니다. 그러므로 교회는 세상의 어떤 모임과도 다른 곳입니다. 하나님의 백성들이 모인 곳이 바로 교회입니다. 마틴 루터는 "인간은 수동적 거룩함을 가진다."고 말했습니다. 우리는 아무것도 한 것이 없는데 하나님께서 우리를 거룩하게 하셨습니다.

> 너희는 세상의 소금이니 소금이 만일 그 맛을 잃으면 무엇으로 짜게 하리요 후에는 아무 쓸 데 없어 다만 밖에 버려져 사람에게 밟힐 뿐이니라 너희는 세상의 빛이라 산 위에 있는 동네가 숨겨지지 못할 것이요 사람이 등불을 켜서 말 아래에 두지 아니하고 등경 위에 두나니 이러므로 집 안 모든 사람에게 비치느니라 이같이 너희 빛이 사람 앞에 비치게 하여 그들로 너희 착한 행실을 보고 하늘에 계신 너희 아버지께 영광을 돌리게 하라 _ 마태복음 5:13~16

교회가 거룩한 이들이 모인 곳이라고 해서 세상과 완전히 등진 다른 세상이 되어서는 안 됩니다. 세상을 향해, 세상 속으로 나아가야 합니다. 어찌 보면 이중적일 수도 있습니다. 하지만, 세상과 구별되어 그리스도를 향한 내적 운동을 하는 로컬 처치(Local Church)와 그리스도의 증인으로 세상을 향해 나아가는 파라 처치(Para Church)가 조화를 이루어야 합니다. 교회에서 하나님 백성으로서 충성을 다하고, 세상으로 나아가서는 직장, 학교, 지역에서 복음을 전하는 것이 성경적 신앙생활입니다.

🍃 서로 교통하는 공동체

사도신경에 "우리 주 예수 그리스도를 믿사오며"라는 부분이 나옵니다. 여기서 '우리'는 공동체를 의미합니다. 교회 자체가 하나의 식구로, 성도들이 영적 가족을 이루는 것입니다. 예수님을 믿는 순간 우리는 하나님의 자녀로서 영적 형제, 자매가 됩니다.

> 너희도 성령 안에서 하나님이 거하실 처소가 되기 위하여 그리스도 예수 안에서 함께 지어져 가느니라 _ 에베소서 2:22

가족 중에 연약한 사람이 있으면 모든 식구가 거기에 온 신경을 씁니다. 마찬가지로 교회 안의 모든 성도는 함께 지어져 가는 존재라는 사실을 잊으면 안 됩니다.

> 그가 어떤 사람은 사도로, 어떤 사람은 선지자로, 어떤 사람은 복음 전하는 자로, 어떤 사람은 목사와 교사로 삼으셨으니 이는 성도를 온전하게 하여 봉사의 일을 하게 하며 그리스도의 몸을 세우려 하심이라 우리가 다 하나님의 아들을 믿는 것과 아는 일에 하나가 되어 온전한 사람을 이루어 그리스도의 장성한 분량이 충만한 데까지 이르리니 이는 우리가 이제부터 어린 아이가 되지 아니하여 사람의 속임수와 간사한 유혹에 빠져 온갖 교훈의 풍조에 밀려 요동하지 않게 하려 함이라 오직 사랑 안에서 참된 것을 하여 범사에 그에게까지 자랄지라 그는 머리니 곧 그리스도라 그에게서 온 몸이 각 마디를 통하여 도움을 받음으로 연결되고 결합되어 각 지체의 분량대로 역사하여 그 몸을 자라게 하며 사랑 안에서 스스로 세우느니라 _ 에베소서 4:11~16

교회의 성도들은 서로 역동적으로 연결되어 있습니다. 각 지체의 역할이 서로 다르지만 이는 모두 하나로 통합됩니다. 그러므로 서로가 서로를 귀하게 여기고 그리스도의 사랑으로 서로 통하도록 해야 합니다. 그렇다면 어떻게 해야 교회의 성도가 하나를 이룰 수 있을까요? 우리의 인격으로는 되지 않습니다. 하나님의 전적인 은혜가 필요합니다.

> 새 계명을 너희에게 주노니 서로 사랑하라 내가 너희를 사랑한 것 같이 너희도 서로 사랑하라 너희가 서로 사랑하면 이로써 모든 사람이 너희가 내 제자인 줄 알리라 _ 요한복음 13:34~35

교회의 영적 토대는 예수 그리스도 안에서 한몸을 이루고 서로를 위해 희생하는 사랑입니다. 이것이 밑바탕이 되어야 교회가 세워질 수 있습니다.

> 내가 그리스도와 함께 십자가에 못 박혔나니 그런즉 이제는 내가 사는 것이 아니요 오직 내 안에 그리스도께서 사시는 것이라 이제 내가 육체 가운데 사는 것은 나를 사랑하사 나를 위하여 자기 자신을 버리신 하나님의 아들을 믿는 믿음 안에서 사는 것이라 _ 갈라디아서 2:20

자기 자신의 자존심을 죽일 때 비로소 완전 복음 체질이 될 수 있습니다. "나는 하나님 앞에 거룩한 산 제물"이라는 자세를 가져야 합니다. 그래야만 하나 된 교회를 이룰 수 있습니다.

트리니티 신학교 길버트 빌지키언 박사는 "그리스도께서 사랑하시는 교회를 사랑하지 않으면서 그리스도를 사랑한다고 하는 사람은 그리스도를 정말로 사랑하지 않는 것이다. 그리스도를 향한 참된 사랑은 반드시 교회에 대한 사랑으로 나타난다."라고 말했습니다. 그리스도를 사랑하고, 교회를 사랑하고, 성도를 사랑하면서 함께 성장해 나가야 합니다. 그 안에서 기쁨을 누리시기 바랍니다.

🍃 죄 사함, 부활, 영생

사도신경의 마지막 구절은 "죄를 사하여 주시는 것과, 몸이 다시 사는 것과 영원히 사는 것을 믿사옵나이다."입니다. 이를 한 단어로 표현하자면 확신입니다. 무엇에 대한 어떤 확신일까요?

> 그러므로 이제 그리스도 예수 안에 있는 자에게는 결코 정죄함이 없나니 이는 그리스도 예수 안에 있는 생명의 성령의 법이 죄와 사망의 법에서 너를 해방하였음이라 _ 로마서 8:1~2

첫째, 죄 사함의 확신입니다. 예수 그리스도께서 우리를 모든 죄에서 해방시켜 주셨습니다.

죽은 자의 부활도 그와 같으니 썩을 것으로 심고 썩지 아니할 것으로 다시 살아나며 욕된 것으로 심고 영광스러운 것으로 다시 살아나며 약한 것으로 심고 강한 것으로 다시 살아나며 육의 몸으로 심고 신령한 몸으로 다시 살아나나니 육의 몸이 있은즉 또 영의 몸도 있느니라 _ 고린도전서 15:42~44

둘째, 부활의 확신입니다. 예수 그리스도를 믿는 우리는 죽음을 이기고 다시 살아나게 됩니다.

하나님이 세상을 이처럼 사랑하사 독생자를 주셨으니 이는 그를 믿는 자마다 멸망하지 않고 영생을 얻게 하려 하심이라 _ 요한복음 3:16

셋째, 영생의 확신입니다. 예수님을 믿는 순간 우리는 천국에 입성하여 영생을 누리게 됩니다.

우리에게 이처럼 죄 사함, 부활, 영생이 보장되어 있기 때문에 우리는 하나님 나라를 위해 일생을 드릴 수 있는 것입니다. 날마다 창조주 하나님이 나의 아버지임을 고백하시기 바랍니다. 그것을 바탕으로 우리는 성령의 역사를 체험해야 합니다. 그리고 그러한 믿음 안에서 교회를 사랑하고 성도를 사랑하시기 바랍니다. 이를 통해 모든 독자 여러분이 믿음의 고백 속에서 기쁨의 신앙생활을 누리게 되시기를 주님의 이름으로 축원합니다.

사도신경

전능하사 천지를 만드신 하나님 아버지를 내가 믿사오며,

그 외아들 우리 주 예수 그리스도를 내가 믿사오니, 이는 성령으로 잉태하사

동정녀 마리아에게 나시고, 본디오 빌라도에게 고난을 받으사

십자가에 못 박혀 죽으시고, 장사한지 사흘 만에 죽은 자 가운데서 다시 살아나시며,

하늘에 오르사, 전능하신 하나님 우편에 앉아 계시다가, 저리로서

산 자와 죽은 자를 심판하러 오시리라. 성령을 믿사오며,

거룩한 공회와 성도가 서로 교통하는 것과,

죄를 사하여 주시는 것과, 몸이 다시 사는 것과,

영원히 사는 것을 믿사옵나이다.

아멘.

확신 있는
신앙생활

기도 응답의 확신

7구하라 그리하면 너희에게 주실 것이요 찾으라 그리하면 찾아낼 것이요 문을 두드리라 그리하면 너희에게 열릴 것이니 8구하는 이마다 받을 것이요 찾는 이는 찾아낼 것이요 두드리는 이에게는 열릴 것이니라 9너희 중에 누가 아들이 떡을 달라 하는데 돌을 주며 10생선을 달라 하는데 뱀을 줄 사람이 있겠느냐 11너희가 악한 자라도 좋은 것으로 자식에게 줄 줄 알거든 하물며 하늘에 계신 너희 아버지께서 구하는 자에게 좋은 것으로 주시지 않겠느냐 12그러므로 무엇이든지 남에게 대접을 받고자 하는 대로 너희도 남을 대접하라 이것이 율법이요 선지자니라
마태복음 7:7~12

🌿 기도의 중요성

 우리가 예수님을 믿고 하나님 자녀가 된 이후에도 문제와 사건은 계속됩니다. 그래서 중요한 것이 기도로 하나님께 아뢰는 것이고 우리가 아뢴 것은 반드시 응답된다는 확신이 있어야 합니다.

기도 응답의 대명사로 불리는 죠지 뮬러는 "나는 기도의 영 안에 산다. 나는 걸어 다닐 때 누울 때 일어날 때 기도한다. 그리고 응답은 언제나 오고 있다."라고 고백했습니다. 그는 전지전능하신 창조주 하나님이 반드시 응답해 주신다는 확신 속에 24시간 기도 속에 있었던 것입니다. 특히 그의 기도는 말씀에 근거한 기도였습니다. 매일매일 언약의 말씀을 붙잡고 기도했고 그 결과 영원의 응답을 받아 증인으로 선 것입니다. 그는 고아원 사역을 통해 1만여 명의 고아를 돌보았고, 117개의 학교를 설립해서 기독교 인재를 양성했습니다. 그리고 말년에는 42개국을 다니며 복음을 증거했습니다. 이런 사역을 감당하는 데 사람의 도움을 구한 적이 없고 전부 다 기도로 응답받았다는 것입니다.

남아프리카 부흥운동의 주역이었던 앤드류 머레이 목사는 기도의 중요성에 대해 "하나님의 자녀는 기도로 모든 것을 정복할 수 있다. 사탄이 교인들에게 이 무기를 빼앗거나 그것을 사용 못 하도록 제지하려고 온갖 노력을 하는 것은 이상한 일이 아니다."라고 말했습니다. 기도의 권능이 그만큼 놀라운 것이기 때문에 사탄은 어떻게 해서든 우리가 기도하지 못하도록 공격합니다.

예수님께서도 앞의 성경 말씀을 통해 이런 기도의 중요성에 대해 강조하셨습니다. 기도가 영적인 삶에 빼놓을 수 없는 부분이기 때문입니다. 그리스도인의 생명력, 생동감 넘치는 삶의 바탕에는 바로 기도가 있음을 우리가 알아야 합니다.

🍃 좋은 것으로 주시는 하나님

구하라 그리하면 너희에게 주실 것이요 찾으라 그리하면 찾아낼 것이요 문을 두드리라 그리하면 너희에게 열릴 것이니 구하는 이마다 받을 것이요 찾는 이는 찾아낼 것이요 두드리는 이에게는 열릴 것이니라 _ 마태복음7:7~8

예수님께서 "구하라, 찾으라, 두드리라"고 다양한 표현으로 말씀하셨습니다. 이 세 가지는 한마디로 기도하라는 말씀입니다. '구하라'는 말은 우리의 원하는 것을 구체적으로 아뢰라는 의미가 있고, '찾으라'는 말은 우리의 원하는 바가 하나님의 뜻과 계획에 맞는지 방향을 맞추라는 것입니다. 그리고 '두드리라'는 말은 이제는 문만 열면 될 정도로 응답의 시간표가 가까워졌다는 것입니다. 그런데 많은 사람들이 몇 번 구하다가 자기 생각대로 되지 않으면 기도를 멈추는 경우가 많습니다. 문 앞까지 왔는데 마지막까지 두드리지 못하는 것입니다. 하나님은 기도하는 자의 소리를 반드시 들으십니다. 구하는 자에게 반드시 응답하시는 분이 하나님이십니다. 예수님께서 이렇게 지속해서 기도하라고 말씀하시는 이유는 우리의 기도를 받으시는 하나님께서 그 기도에 대해 가장 최선의 것으로 응답하시기 때문입니다.

예수님의 이 말씀은 하나님께서 반드시 우리에게 가장 합당한 것으로 응
답하신다는 것을 말합니다. 기도는 반드시 응답됩니다. 구하고 찾고 두드
리면 반드시 결과물이 있다는 것입니다. 그래서 기도는 원인과 결과가 확
실한 영적 과학입니다. 이런 응답의 확실성을 가지고 기도하라는 것입니다.

시편 34편 10절을 보면 다윗이 "젊은 사자는 궁핍하여 주릴지라도 여호와
를 찾는 자는 모든 좋은 것에 부족함이 없으리로다"라고 고백합니다. 여호
와를 찾는 자, 다시 말해 기도하는 자는 모든 좋은 것에 부족함이 없게 된
다고 다윗은 강조했습니다. 예수님께서도 구하는 자에게 하나님께서 좋은
것을 주신다고 강조하고 있습니다. 그렇다면 과연 하나님께서 주시는 좋은
것이 무엇이겠습니까? 여러분에게 좋은 것은 무엇입니까? 개인마다 차이가
있겠지만. 요즘같이 경제적으로 어려운 시기에는 물질 축복을 원하시는 분
들이 많을 것입니다. 또 많은 분들이 가족의 건강을 기대하겠지요. 결과적
으로 자신이 처해 있는 상황에 따라 뭔가 내가 원하는 대로 응답이 왔으면
좋겠다는 것이 모든 분들의 기대일 것입니다.

그렇다면 예수님께서는 여기에 대해 어떤 답을 주셨을까요?

> 너희가 악할지라도 좋은 것을 자식에게 줄 줄 알거든 하물며 너희 하늘 아버지께
> 서 구하는 자에게 성령을 주시지 않겠느냐 하시니라 _ 누가복음 11:13

예수님께서 말씀하신 좋은 것의 핵심은 바로 성령입니다. 기도할 때 무슨 일이 일어날까요? 주의 성령께서 사실적으로 역사하십니다. 성령 충만하면 모든 것이 해결됩니다. 성령 인도를 사실적으로 받으면 문제 될 것이 없습니다. 하나님께서 우리에게 주시는 가장 큰 선물은 바로 성령입니다.

고린도전서 2장 4절을 보면, 사도 바울은 성령의 능력에 대해 "내 말과 내 전도함이 설득력 있는 지혜의 말로 하지 아니하고 다만 성령의 나타나심과 능력으로 하여"라고 고백을 했습니다. 사도 바울은 자신의 복음 사역을 한마디로 성령의 권능으로 이루어지는 것임을 강조한 것입니다. 성령의 능력에 힘입으면 자신의 한계를 뛰어넘어 하나님의 하시는 일을 나타내게 되어 있다는 말입니다. 이를 믿고 우리 모두가 구하고, 찾고, 두드리는 기도의 사람이 되어야 할 것입니다.

🌿 기도의 최강자

기도의 성자로 불리는 E. M. 바운즈는 「기도의 강자」라는 책에서 "하나님의 사람이 드리는 기도는 승리의 전주곡이다. 어떤 상황에서도 하나님이 일하시는 기도의 강자가 되라. 하나님의 언약을 굳게 붙들고 기도하고 또 기도하라. 중보기도를 통해 하나님의 자비의 수로가 흐르게 하라. 기도는 사명을 이루는 가장 강력한 하늘 무기이다. 세상이 감당할 수 없는 놀라운 일을 기도가 한다. 주의 영광을 위해 달려 나가는 기도의 강자가 되라."라고 말했습니다. 기도의 위력이 얼마나 크고 놀라운지 사실적으로 표현한 부분입니다. 이 표현 하나하나가 우리에게 기도해야 할 당연성을 가르쳐 주고 있습니다.

E. M. 바운즈는 우리의 삶이 무기력하고 약한 것은 우리의 기도가 무기력하고 약하기 때문이라고 진단했습니다. 그래서 기도의 강자가 되어야 한다고 강조한 것입니다. 그는 "세상은 기도하는 당신을 결코 이길 수 없다."라고 선포했습니다. 우리의 삶에서 기도의 자리는 언제나 맨 앞자리여야 합니다. 모든 독자 여러분이 기도 응답의 확신을 가지고 당당히 기도하고 응답받는 기도의 최강자가 되시기를 주님의 이름으로 축원합니다.

완벽히 보장된 인생

²⁶이와 같이 성령도 우리의 연약함을 도우시나니 우리는 마땅히 기도할 바를 알지 못하나 오직 성령이 말할 수 없는 탄식으로 우리를 위하여 친히 간구하시느니라 ²⁷마음을 살피시는 이가 성령의 생각을 아시나니 이는 성령이 하나님의 뜻대로 성도를 위하여 간구하심이니라 ²⁸우리가 알거니와 하나님을 사랑하는 자 곧 그의 뜻대로 부르심을 입은 자들에게는 모든 것이 합력하여 선을 이루느니라 ²⁹하나님이 미리 아신 자들을 또한 그 아들의 형상을 본받게 하기 위하여 미리 정하셨으니 이는 그로 많은 형제 중에서 맏아들이 되게 하려 하심이니라 ³⁰또 미리 정하신 그들을 또한 부르시고 부르신 그들을 또한 의롭다 하시고 의롭다 하신 그들을 또한 영화롭게 하셨느니라

로마서 8:26~30

🍃 영적 새 틀 인생

우리는 완전히 해방된 존재입니다. 우리가 어떤 상황에 처하더라도 이 사실만은 놓치지 말아야 합니다. 사도 바울은 로마서 8장을 통해 우리의 삶

을 완벽하게 보장하시는 성령의 역사를 강조했습니다. 그렇기 때문에 이 로마서 8장을 일컬어 '성령장'이라고도 합니다. 사도 바울은 성령을 하나님의 영, 그리스도의 영이라는 표현을 사용하면서 그리스도의 영이 없으면 그리스도의 사람이 아니라고 말했습니다. 또 하나님의 영으로 인도함을 받는 사람이 바로 하나님의 아들이며, 성령께서 친히 우리가 하나님의 자녀인 것을 증언하신다고 말했습니다.

그리고 여기서 더 나아가 우리가 하나님의 상속자로서의 영적 지위를 가지고 있음을 강조했습니다. 상속자가 무엇입니까? 아버지가 가지고 있는 것을 모두 물려받은 존재입니다. 여러분의 아버지가 누구십니까? 온 천하 만물의 주인이신 창조주 하나님이십니다. 그러면 무엇을 더 바랄 것이 있습니까? 혹시 '지금 내 손에 실제로 주어진 것이 없는데… 당장 내 손에 현찰 몇 억이라도 있으면 몰라도…'라는 생각을 하는 분이 있습니까? 만약 그렇다면 그 분은 아직도 옛 틀에 갇혀있는 것입니다. 자기중심, 물질 중심, 세상 성공 중심에 잡혀 있으면 한 걸음도 영적 성장을 이룰 수 없습니다.

신앙생활을 하면서 영적 성장을 하느냐 못 하느냐는 것은 영적 시선을 어디에 두느냐에 따라 달라지게 되어있습니다. 똑같은 문제와 사건 앞에서도 사람들의 영적 시각은 천차만별입니다. 예를 들면 아무리 금이 많이 나오는 금광이라고 해도 실제 채굴 과정에서는 금보다 흙과 돌이 더 많이 나옵니다. 그런데 사람들은 그 안에서 금을 조금만 발견해도 그곳을 금광이라고 하지 흙산이나 돌산이라고 말하지 않습니다. 그런데 영적인 삶에서는 많은 사람들이 거꾸로 된 삶을 삽니다. 금을 바라보지 못하고 오히려 흙과 돌만 바라보는 삶을 삽니다. 문제와 사건 앞에 다 속고 있습니다. 보화 되신 예수 그리스도가 아니라 흙과 돌같은 세상의 서론적인 것에 빠져 허우적거리는 것입니다.

여러분은 이러한 것에 속지 마시고 서론인 옛 틀을 다 깨버리시기 바랍니다. 그리스도 예수 안에 있는 내가 하나님 앞에서 얼마나 가치 있는 존재인지 변화된 신분을 사실적으로 체험하는 새 틀 인생을 사시기 바랍니다. 사도 바울은 앞의 성경 말씀을 통해 그리스도 예수 안에 있는 자에게 주어진 놀라운 신분 변화와 함께 성삼위 하나님께서 구체적으로 어떻게 우리의 삶을 완벽히 보장하시는지를 보여 주고 있습니다. 이 말씀을 통해 우리는 성삼위 하나님의 놀라운 역사로 말미암아 우리에게 주어진 완벽하게 보장된 인생의 축복을 누려야 합니다.

연약함을 도우시는 성령

이와 같이 성령도 우리의 연약함을 도우시나니 우리는 마땅히 기도할 바를 알지 못하나 오직 성령이 말할 수 없는 탄식으로 우리를 위하여 친히 간구하시느니라 마음을 살피시는 이가 성령의 생각을 아시나니 이는 성령이 하나님의 뜻대로 성도를 위하여 간구하심이니라 _ 로마서 8:26~27

사도 바울은 성령께서 우리의 연약함을 아시고 도우시며 말할 수 없는 탄식으로 우리를 위해 친히 간구하시는 분이심을 밝히고 있습니다. 우리의 부족한 부분을 채우시고, 넘어진 자를 일으키시며, 약한 자를 치유하고 회복시키고, 다시 일어나 믿음의 도전을 할 수 있도록 인도하시는 분이 바로 성령 하나님이십니다. 우리가 연약하다는 것은 단순히 육신의 연약함을 말하는 것이 아닙니다. 근본적으로 인간의 부패하고 타락한 본성 즉, 창세기 3장의 옛 체질로 돌아가려는 죄의 성향을 의미합니다. 성령께서 탄식한다는 말은 '성령과 우리의 관계가 인격적 관계'라는 신학적 전제를 근거로 말씀하는 것입니다. 성령께서 인격적으로 역사하여 마치 옆에 한 사람이 있듯이 우리를 권면하시고 깨닫게 하시고 탄식하시기도 하십니다.

초대교회 시절에는 성령의 별명이 어머니의 영이었다고 합니다. 마치 어머니처럼 우리 삶의 일거수일투족에 관심을 가지고 챙겨주시기 때문입니다. 우리가 볼 것을 못 보고 서론적인 것에 매일 때 성령께서 탄식하십니다. 앞의 성경 말씀에 나오는 "기도할 바를 알지 못한다"는 것은 기도의 제목을 잘못 잡았다는 말입니다. 우리가 잘못된 방향으로 간구할 때 올바른 방향으로 가도록 성령께서 친히 간구하신다는 것입니다. 여기서 우리가 착각할 수 있는 것이 '성령께서 나를 대신해 기도해주니까 나는 이제부터 기도 안

해도 되겠다'고 생각하는 것입니다. 성령께서 우리 연약함을 도우신다는 말은 짐을 같이 들어 준다는 의미입니다. 우리 짐을 없애는 것이 아니라 거들어 주는 것입니다. 즉 우리가 해야 할 부분이 있다는 말씀입니다. 그러니 우리는 정시, 무시로 강단 메시지 붙잡고 언약기도를 해야 합니다.

기도에 대해서는 매우 다양한 정의가 있습니다. 그 중에서 제가 볼 때 가장 중요한 핵심 정의는 성령 하나님과의 동행입니다. 기도는 성령 하나님과의 동행입니다. 성령 하나님께서 내 안에 거하시고, 내 삶을 인도하시고, 내 삶의 주관자 되심을 체험하는 것입니다.

이진희 목사가 쓴 「광야를 읽다」라는 책이 있습니다. 이 책에서 저자는 "인생은 산을 오르는 것이 아니라, 광야를 지나가는 것"이라고 말했습니다. 광야 길을 가는 것과 산을 오르는 것은 너무나 다릅니다. 산은 정상이 보입니다. 그러나 광야는 끝이 보이지 않습니다. 어떤 것이 인생입니까? 산은 어떻게 올라가야 할지, 어느 길로 올라가야 하는지 대개 정해져 있습니다. 그러나 광야는 길이 없습니다. 산은 전체가 한눈에 들어옵니다. 그러나 광야는 그렇지 않습니다. 산에 오를 때는 혼자 가도 됩니다. 그러나 광야에 들어갈 때는 절대로 혼자 들어가서는 안 됩니다. 그런데 이러한 광야를 마치 산에 오르는 것처럼 살아가니 인생이 힘들고 혼란스러운 것입니다. 변화무쌍한 광야의 삶 속에 쉽게 넘어지고 무너질 수밖에 없는 연약한 존재가 인간입니다. 그런데 하나님의 자녀는 다릅니다. 주의 성령께서 이런 연약함을 아시고 우리와 함께하시며 우리의 삶을 완벽하게 보호하고 계시기 때문입니다. 주님이 우리의 가장 강력한 배경이 된다는 사실을 분명히 깨달아야 합니다.

🍃 합력하여 선을 이루시는 하나님

사도 바울은 로마서 8장 26~27절에서 성령께서 우리의 연약함을 도우시기 위해 친히 간구하시는데 무엇보다 하나님의 뜻이 우리의 삶의 현장에서 실제로 이루어지도록 간구하신다는 사실을 강조했습니다. 그리고 이렇게 나타난 결과가 바로 유명한 다음의 성경 말씀입니다.

> 우리가 알거니와 하나님을 사랑하는 자 곧 그의 뜻대로 부르심을 입은 자들에게는 모든 것이 합력하여 선을 이루느니라 _ 로마서 8:28

이는 하나님께서 우리의 삶을 완벽히 보장하신다는 확신에 찬 사도 바울의 고백이며 우리에게 참된 위로와 힘을 주는 말씀입니다. 하나님의 부르심을 받은 우리에게는 모든 것이 합력하여 선을 이루게 되어있습니다.

하나님은 우리에게 최선의 응답을 주시는 분이심을 믿으시기 바랍니다. 과거에 많은 실패 속에 있었습니까? 하나님의 뜻대로 부르심을 받은 여러분에게는 문제가 되지 않습니다. 지금도 고난 가운데 있습니까? 어려움 속에 있습니까? 염려, 걱정으로부터 완전히 자유하시기 바랍니다. 하나님께서 우리 삶의 모든 경험과는 상관없이 하나님의 선을 이루어 가실 것이기 때문입니다.

사도 바울은 당시 극심한 고난 가운데 있던 로마교회 성도들에게 참된 소망을 전달하고 있었습니다. 모든 길이 로마로 통한다는 말이 있듯이 세상의 모든 것이 로마 중심으로 이루어진 것처럼 보이지만, 그것이 아니라는 말씀입니다. 영적인 눈을 열고 보면 모든 것이 하나님 중심으로 진행된다는 것입니다. 그래서 결코 실망하거나 낙담하거나 좌절할 이유가 없습니다. 결국 모든 것이 합력하여 하나님의 뜻과 계획대로 이루어지기 때문입니다.

그렇다면 이런 하나님의 뜻과 계획이 궁극적으로 지향하는 것이 무엇이겠습니까? 다음의 성경 말씀에 그 답이 나와 있습니다.

> 하나님이 미리 아신 자들을 또한 그 아들의 형상을 본받게 하기 위하여 미리 정하셨으니 이는 그로 많은 형제 중에서 맏아들이 되게 하려 하심이니라 또 미리 정하신 그들을 또한 부르시고 부르신 그들을 또한 의롭다 하시고 의롭다 하신 그들을 또한 영화롭게 하셨느니라 _ 로마서 8:29~30

이 말씀은 예수 그리스도를 통해 택함을 받은 하나님의 자녀가 어떻게 영생의 축복 속으로 들어가는지를 잘 보여 줌과 동시에 우리가 이 땅에서 어떤 삶을 살아야 하는지를 보여 주는 말씀이기도 합니다. 하나님께서는 우리를 미리 택정하시고 부르셨습니다. 그리고 예수 그리스도를 통해 의롭다 하시고 장차 영화로운 삶으로 우리를 완벽하게 인도하신다는 것입니다. 그러니 모든 걱정, 근심, 염려에서 완전히 벗어나서 완벽히 보장된 인생의 축복을 누리라는 것입니다.

특히 하나님께서 우리를 예수 그리스도의 형상을 본받게 하기 위하여 미리 택정하셨다고 밝히고 있습니다. 예수 그리스도를 닮아가는 것이 바로 우리가 이 땅에 살면서 하나님의 뜻과 계획을 이루는 삶입니다. 오직 그리스도, 오직 하나님 나라, 오직 성령 충만의 삶으로 각인, 뿌리, 체질화되는 삶이 바로 하나님의 뜻과 계획입니다. 우리를 통해 오직 그리스도가 증거될 때 하나님의 나라가 확장되는 삶의 축복을 맛보게 되어있음을 깨달아야 합니다.

🌿 다섯 가지 확신

우리의 삶은 한마디로 완벽히 보장된 인생입니다. 예수님께서 여러분 한 사람 한 사람을 끝까지 책임지십니다. 이에 대해 사도 바울은 확신에 찬 고백을 했습니다.

내가 확신하노니 사망이나 생명이나 천사들이나 권세자들이나 현재 일이나 장래 일이나 능력이나 높음이나 깊음이나 다른 어떤 피조물이라도 우리를 우리 주 그리스도 예수 안에 있는 하나님의 사랑에서 끊을 수 없으리라 _ 로마서 8:38~39

우리가 예수 그리스도를 믿고 신앙생활을 해 나가면서 중요한 것 중의 하나가 바로 확신입니다.

우리가 구원받은 하나님 자녀가 되었다는 구원의 확신.

우리의 모든 기도가 반드시 응답된다는 기도 응답의 확신.

주의 성령께서 우리와 영원토록 함께하신다는 성령 인도의 확신.

모든 죄와 저주에서 완전히 해방되었다는 사죄의 확신.

최종 승리가 보장되어 있다는 승리의 확신.

이렇게 다섯 가지 확신을 가지고 신앙생활을 해 나가야 합니다. 그래야만 완벽히 보장된 인생을 누릴 수 있습니다. 모든 독자 여러분이 다섯 가지 확신을 가지고 날마다 성장하는 신앙생활을 해 나가게 되시기를 주님의 이름으로 축원합니다.

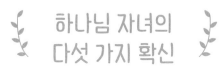

하나님 자녀의 다섯 가지 확신

구원의 확신

하나님의 아들을 믿는 자는 자기 안에 증거가 있고 하나님을 믿지 아니하는 자는 하나님을 거짓말하는 자로 만드나니 이는 하나님께서 그 아들에 대하여 증언하신 증거를 믿지 아니하였음이라 또 증거는 이것이니 하나님이 우리에게 영생을 주신 것과 이 생명이 그의 아들 안에 있는 그것이니라 아들이 있는 자에게는 생명이 있고 하나님의 아들이 없는 자에게는 생명이 없느니라 내가 하나님의 아들의 이름을 믿는 너희에게 이것을 쓰는 것은 너희로 하여금 너희에게 영생이 있음을 알게 하려 함이라 _ 요한1서 5:10~13

기도 응답의 확신

예레미야가 아직 시위대 뜰에 갇혀 있을 때에 여호와의 말씀이 그에게 두 번째로 임하니라 이르시되 일을 행하시는 여호와, 그것을 만들며 성취하시는 여호와, 그의 이름을 여호와라 하는 이가 이와 같이 이르시도다 너는 내게 부르짖

으라 내가 네게 응답하겠고 네가 알지 못하는 크고 은밀한 일을 네게 보이리라 _ 예레미야 33:1~3

지금까지는 너희가 내 이름으로 아무 것도 구하지 아니하였으나 구하라 그리하면 받으리니 너희 기쁨이 충만하리라 _ 요한복음 16:24

성령 인도의 확신

너는 마음을 다하여 여호와를 신뢰하고 네 명철을 의지하지 말라 너는 범사에 그를 인정하라 그리하면 네 길을 지도하시리라 _ 잠언 3:5~6

사죄의 확신

만일 우리가 우리 죄를 자백하면 그는 미쁘시고 의로우사 우리 죄를 사하시며 우리를 모든 불의에서 깨끗하게 하실 것이요 _ 요한1서 1:9

승리의 확신

사람이 감당할 시험 밖에는 너희가 당한 것이 없나니 오직 하나님은 미쁘사 너희가 감당하지 못할 시험 당함을 허락하지 아니하시고 시험 당할 즈음에 또한 피할 길을 내사 너희로 능히 감당하게 하시느니라 _ 고린도전서 10:13

그러나 이 모든 일에 우리를 사랑하시는 이로 말미암아 우리가 넉넉히 이기느니라_ 로마서 8:37

초신자를 위한 신앙생활 가이드북

슬기로운 하나님 자녀 생활

펴낸날 초판 1쇄 2021년 5월 15일
지은이 정은주
펴낸이 지무룡
펴낸곳 가스펠북스
기획 배성원 지무향
표지 디자인 YEDI×HYEGROO
본문 디자인 YEDI×DALGROO
출판등록 109-91-93560
주소 서울시 강서구 화곡로 63길 65, 101호
전화 02-2657-9724
팩스 02-2657-9719
홈페이지 www.iyewon.org
가격 10,000원

ISBN 979-11-973512-1-1 (03230)